洪培生 摄

章太炎讲述系列

章太炎论人物

史文——编

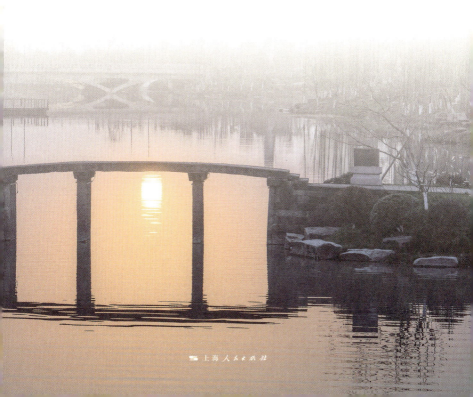

上海人民出版社

编选说明

　　章太炎（1869 年—1936 年），浙江余杭人。原名学乘，字枚叔，后易名为炳麟。作为清末民国时期备受瞩目的大人物，章太炎承载着多重的身份：革命家、思想家、史学家、教育家等，对中国近代政治、思想、学术诸领域都产生了巨大而深远的影响。

　　作为一名史家，章太炎非常注意研究历史人物的评价问题，并在《中国通史略例》中多有阐发。他自己对历史人物有着独到的见解，也发表过不少新论，如称曾国藩"誉之则为圣相，谳之则为元凶"，称梁启超"共和再造赖斯人"等，这些评语流传颇广。此外，章太炎还为同时代的不少重要人物撰写有墓志铭、墓表、传记和挽联等，对其人其事进行了深刻的总结和评价。客观地说，章太炎对历史人物的评价或有偏颇之处，有时是基于纯粹的学术眼光或一贯的学派立场，有时则是基于政治主张，这体现了他身上"革命家"与"学问家"两种身份之间的微妙张力。因此，我们也能发现，章太炎对于某个人物的具体评价不是一成不变的，而是存在明显的前后期变化。

　　近代中国是一个政治风云变幻的"大变局"时代，也是思想观念大转变的"过渡"时代，我们从章太炎对人物的相关评价中，可以发现他评价政治人物的原则、方法、特色和局限性，从而为更合理地评价历史人物提供宝贵的参考和启示。本书选取五十余位大众较为熟悉的历史人物，大致以时间为序，文本主要选自 2018 年上海人民出版社出版的《章太炎全集》，配以图片和说明。编选不妥之处，敬祈读者批评。

目 录

孔　子

【人物简介】孔子（前 551 年—前 479 年），名丘，字仲尼，春秋末期鲁国（今山东曲阜）人，先祖为宋国（今河南商丘）贵族。中国古代著名的思想家、教育家，也是儒家学派的创始人，被奉为"圣人"和"先师"。

孔子像

【章氏评论】

仲尼所以凌驾千圣、迈尧舜、轹公旦者，独在以天为不明及无鬼神二事。……惟仲尼明于庶物，察于人伦，知天为不明，知鬼神为无，遂以此为拔本塞原之义，而万物之情状大著。

——节选自《儒术真论》（1899 年）

　　若说孔教，原有好到极处的。就是各种宗教，都有神秘难知的话杂在里头，惟有孔教还算干净，但他也有极坏的。因为孔子当时，原是贵族用事的时代，一班平民是没有官做的，孔子心里，要与贵族竞争，就教化起三千弟子，使他成就做官的材料。从此以后，果然平民有官做了。但孔子最是胆小，虽要与贵族竞争，却不敢去联合平民，推翻贵族政体。他《春秋》上虽有"非世卿"的话，只是口诛笔伐，并不敢实行的。所以他教弟子，总是依人作嫁，最上是帝师王佐的资格，总不敢觊觎帝位，及到最下一级，便是委吏乘田，也将求去做了。诸君看孔子生平，当时摄行相事的时候，只是依傍鲁君，到得七十二国周游数次，日暮途穷，回家养老，那时并且依傍季氏，他的志气，岂不日短一日？所以孔教的最大污点，是使人不脱富贵利禄的思想。自汉武帝专尊孔教之后，这热衷于富贵利禄的人，总是日多一日。我们今日想要实行革命、提倡民权，若夹杂一点富贵利禄的心，就像微虫霉菌，可以残害全身，所以孔教是断不可用的。

　　——节选自《在东京留学生欢迎会上之演讲》(1906 年 7 月 25 日)

　　远藤隆吉曰："孔子之出于支那，实支那之祸本也。夫差第《韶》《武》，制为邦者四代，非守旧也。处于人表，至严高，后生自以瞻望弗及，神葆其言，革一义，若有刑戮，则守旧自此始。故更八十世而无进取者，咎亡于孔氏。祸本成，其胙尽矣。"(远藤氏《支那哲学史》)

　　章炳麟曰：凡说人事，固不当以禄胙应塞。惟孔氏闻望之过情有故。曰：六艺者，道、墨所周闻。故墨子称《诗》《书》《春秋》，多太史中秘书。女商事魏君也，衡说之以《诗》《书》《礼》《乐》，从说之以《金版》《六强》。（《金版》《六强》，道家大公书也，故知女商为道家。）异时老、墨诸公，不降志于删定六艺，而孔氏擅其威。遭焚散复出，则关轴自持于孔氏，诸子欲走，职矣。

《论语》者掩昧，《三朝记》与诸告饬、通论，多自触击也。下比孟轲，博习故事则贤，而知德少歉矣。

荀卿以积伪俟化治身，以隆礼合群治天下。不过三代，以绝殊瑰；不贰后王，以秦文理。百物以礼穿毂；故科条皆务进取而无自戾。（《荀子·王制》上言："道不过三代，法不贰后王？"下言："声，则凡非雅声者举废；色，则凡非旧文者举息"；械用，则凡非旧器者举毁；夫是之谓复古二义亦非自反。雅声、旧文、旧器，三代所用，人间习识？若有用五帝之音乐、服器于今，以为新异者，则必毁废。故惊注曰："复三代故事，则是复古不必远举也。"）其正名也，世方诸彻识论之名学，而以为在琐格拉底、亚历斯大德间。（桑木严翼说。）由斯道也，虽百里而民献比肩可也。其视孔氏，长幼断可识矣。

夫孟、荀道术皆踊绝孔氏，惟才美弗能与等比，故终身无鲁相之政，三千之化。才与道术，本各异出，而流俗多视是崇堕之。近世王守仁之名其学，亦席功伐已。曾国藩至微末，以横行为戎首，故士大夫信任其言，贵于符节章玺。况于孔氏尚有踊者！孟轲则蹶矣，虽荀卿却走，亦职也。（荀卿学过孔子，尚称颂以为本师。此则如释迦初教本近灰灭，及马鸣、龙树特弘大乘之风，而犹以释迦为本师也。）

夫自东周之季，以至禹，《连山》息，《汩作》废，《九共》绝，墨子支之，祇以自陨。老聃丧其征藏，而法守亡，五曹无施。惟荀卿奄于先师，不用。名辩坏，故言殽；进取失，故业堕；则其虚誉夺实以至是也。

虽然，孔氏，古良史也。辅以丘明而次《春秋》，料比百家，若旋机玉斗矣。谈、迁嗣之，后有《七略》。孔子死，名实足以伉者，汉之刘歆。

白河次郎曰："纵横家持君主政体，所谓压制主义也。老庄派持民主政体，所谓自由主义也。孔氏旁皇二者间，以合意干系为名，以权力干系为实，此儒术所以能为奸雄利器。使百姓日用而不知，则又不如总横家明言压制也。"案：所谓旁皇二者间者，本老氏之术，儒者效之，犹不若范蠡、张良为甚。庄周则于《马蹄》《胠箧》诸论，特发老氏之覆。老、庄之为一家，亦犹输、墨皆为艺士，其攻守则正相反，二子亦不可并论也。故今不以利器之说归曲孔氏。余见《儒道》篇。

——《訄书重订本·订孔第二》（1902 年）

西汉海昏侯刘贺墓出土孔子像

近世有倡孔教会者，余窃訾其怪妄。宗教至鄙，有大古愚民行之，而后终已不废者，徒以拂俗难行，非故葆爱严重之也。中土素无国教矣，舜敷五教，周布十有二教，皆掌之司徒，其事不在庠序，不与讲诵。是乃有司教令，亦杂与今世社会教育同类，非宗教之科。《易》称圣人以神道设教，斯即盥而不荐禘之说也。禘之说孔子不知，号曰设教，其实不教也。观《周礼》神仕诸职，皆王官之一守，不以布于民常。逮及衰周，孔、老命世，老子称以道往天下，其鬼不神；孔子亦不语神怪，未能事鬼。次有庄周、孟轲、孙卿、公孙龙、申不害、韩非之伦，涔尔俱作，皆辨析名理，察于人文，由是妖言止息，民以昭苏。自尔二千年，虽佛法旁入，黄巾接踵，有似于宗教者。佛典本不礼鬼神，其自宗乃以寂定智慧为主，胜义妙论，思入无间。适居印度，故杂以怪迁之谈，而非中土高材所留意。加其断绝婚姻，茹草衣褐，所行近于隐遁，非所以普教齐民。若黄巾道士者，符箓诡诞，左道惑人，明达之士，固不欲少游其藩。由斯以谈，佛非宗教，黄巾则犹日者、卜相之流，为人轻蔑，则中国果未有宗教也。

盖自伏羲、炎、黄，事多隐怪，而偏为后世称颂者，无过田渔衣裳诸业。国民常性，所察在政事日用，所务在工商耕稼。志尽于有生，语绝于无验。人思自尊，而不欲守死事神，以为真宰，此华夏之民所以为达。视彼佞谀上帝，拜谒法皇，举全国而宗事一尊，且著之典常者，其智愚相去远矣！即有疾疢死亡，祈呼灵保者，祈而不应，则信宿背之，展转更易，至于十神，譬多张罝罗以待雄兔，尝试为之，无所坚信也。是故智者以达理而洒落，愚者以怀疑而依违，总举夏民，不崇一教。今人猥见耶苏、路德之法，渐入域中，乃欲建树孔教以相抗衡。是犹素无创痍，无故灼以成瘢，乃徒师其鄙劣，而未有以相君也。

古者上丁释菜，止于陈设芬香。至唐世李林甫，始令全国悉以牲牢荐奠，刘禹锡蚩其不学。自尔乐备宫县，居模极殿，宛转近帝制矣。然庙堂寄于学官，对越不过儒士，有司财以岁时致祭，未尝普施闾阎，貤及谣俗。是则孔子者，学校诸生所尊礼，犹匠师之奉鲁班，缝人之奉轩辕，胥吏之奉萧何，各尊其师，思慕反本，本不以神祇灵鬼事之，其魂魄存亡亦不问，又非能遍于兆庶也。夫衣裳庐舍，生民之所以安止；律令文牍，国家不可一日废也。今以士人拜谒孔子，谓孔子为教主，是则轩辕、鲁班、萧何，亦居然各为教主矣。若以服用世殊，今制异古，故三君不能擅宗教者，此则民国肇建，制异春秋，士俗习行，用非《士礼》。今且废齐斩之服，弛内乱（谓亲属相乱）之诛，虽孔子且得名为今之教主乎？俪其侯度而奉其仪容，则诳耀也；贵其一家而忘其比类，则偏畸也。进退失据，挟左道，比神事，其不可以垂则甚明。

盖尝论之：孔子之在周末，与夷、惠等夷耳。孟、荀之徒，曷尝不竭情称颂？然皆以为百世之英，人伦之杰，与尧、舜、文、武伯仲，未尝侪之圜丘、清庙之伦也。及燕、齐怪迂之士，兴于东海，说经者多以巫道相糅，故《洪范》旧志之一篇耳，犹相与抵掌树颊，广为抽绎，伏生开其源，仲舒衍其流，是时汉廷适用少君、文成、五利之徒，而仲舒亦以推验火灾，救旱止雨，与之校胜，以经典为巫师豫记之流，而更曲傅《春秋》，云为汉氏制造，以媚人主而棼政纪。昏主不达，以为孔子果玄帝之子，真人尸解之伦。谶纬蜂起，怪说布彰，曾不须臾而巫蛊之祸作，则仲舒为之前导也。自尔或以天变灾异，宰相赐死，亲藩废黜，巫道乱法，鬼事干政，尽汉一代，其政事皆兼循神道。夫仲舒之托于孔子，犹宫崇、张道陵之托于老聃。今之倡孔教者，又规摹仲舒而为之矣。彼岂不曰："东鲁之圣，世有常尊，今而废之，则人理绝而纲纪败耶？"此但知孔子当尊，顾不悟其所尊之故。今不指陈，则无以餍人望。盖孔子所以为中国斗杓者，在制历史、布文籍、振学术、平阶级而已。往者，《尚书》百篇，年月阔略，无过因事记录之书，其始末无以猝睹。自孔子作《春秋》，然后纪年有次，事尽首尾；丘明衍传，迁、固承流，史书始灿然大备。絷则相承，仍世似续，今晚世得以识古，后人因以知前，故虽戎羯荐臻，国步倾覆，其人民知怀旧常，得以幡然反正，此其有造于华夏者，功为第一。《周官》所定乡学，事尽六艺，然大礼犹不下庶人，当时政典，掌在天府，其事迹略具于《诗》《书》，师氏以教国子，而齐民不与焉。是故编户小氓，欲观旧事，则固闭而无所从受，故《传》称宦学事师，宦于大夫，明不为贵臣仆隶，则无由识其绪余。自孔子观书柱下，述而不作，删定六书，布之民间，然后人知典常，家识图史，其功二也。九流之学，靡不出于王官，守其一术；非博览则无大就；尽其年寿，无弟子则不广传。自孔子布文籍，又自赞《周易》、吐《论语》，以寄深湛之思，于是大师接踵，宏儒郁兴，虽所见殊涂，而提振之功则一，其功三也。春秋以往，官多世卿，其自渔钓饭牛而兴者，乃适遇王伯之君，乘时间起，逮乎平世则绝矣。斯岂草野之无贤才，由其不习政书，致远恐泥，不足与世卿竞爽，其一二登用者，率不过技艺之官，皂隶之事也。自孔子布文籍，又养徒三千，与之驰骋七十二国，辨其人民，知其土训，识其政宜，门人余裔，起而干摩，与执政争明。夫膏粱之性习常，而农贾之裔阅变，其气之勇怯，节之甘苦，又相万也。猝有变衅，则不得不屈志以求。故自哲人既萎，未阅百年，六国兴而世卿废，人苟怀术，皆有卿相之资；由是阶级荡平，寒素上遂，至于今不废，其功四也。总是四者，孔子于中国，为保民开化之宗，不为教主。世无孔子，宪章不传，学术不振，则国沦戎狄而不复，民居卑贱而不升，欲以名号加于宇内通达之国，难矣。今之不坏，系先圣是赖！是乃其所以高于尧、舜、文、武而无算者也！

若夫德行之教，仁义之端，《周官》已布之齐民，列国未尝坠其纲纪，故上有蓬瑗、史鳅之贤，下有沮、溺、荷蓧之德，风被土宇，不肃而成，固不悉自孔子授之。孔氏书亦时称祭典，以纂前志，虽审天鬼之诬，以不欲高世骇俗，则不暇一切粪除，亦犹近世欧洲诸哲，于神教尚有依违。故以德化则非孔子所专，以宗教则为孔子所弃。今忘其所以当尊，而以不当尊者治之，适足以玷阙里之堂，污泰山之迹耳。

谈者或曰："崇孔教者，所以旁慰沙门，使蒙古、西藏无携志。"此尤诳世之言。二藩背诞，则强邻间之，给以中国废教；借口其实，非宗教所能驯也。昔张居正之扭蒙古，攻讨惠绥，刑格势禁，无所不用，势已宾服；然后以黄教固之耳。今不修攻守之具，而欲以虚言羁致，是犹汉臣欲讲《孝经》以服黄巾，必不得矣。就欲以佛法慰藉者，白可不毁兰阁，又非县设孔教以相笼罩也。孔教本非前世所有，则今者固无所废；莫之废则亦无所复矣。愚以为学校瞻礼，事在当行；树为宗教，杜智慧之门，乱清宁之纪，其事不便。

——《驳建立孔教议》（1913 年《雅言》第 1 卷第 1 期）

继志述事，缵老之绩，而布彰六籍，令人人知前世废兴，中夏所以创业垂统者，孔氏也。……自老聃写书征臧，以诒孔氏，然后竹帛下庶人。六籍既定，诸书复稍出金匮石室间。民以昭苏，不为徒役；九流自此作，世卿自此堕。朝命不擅威于肉食，国史不聚奸于故府。

——节选自《检论·订孔上》（1914 年）

【说明】章太炎一生对孔子的评价颇多，但主要是随机而发，尤其是辛亥革命前的政论文章更是如此。在具体问题上，他对孔子的评价有早晚期之别，但整体态度变化不大。章太炎坦承，早年为对抗康有为提倡孔教，曾极力"诋孔"，但这些都是出于政治的需要，而非学术的客观评价，因此他谈论孔子的言论多有自相矛盾之处。辛亥革命前后，章太炎对孔子的评价，集中于与康有为论战的《驳建立孔教议》（1913 年）一文。

尽管章太炎批判儒家，但作为古文经学家，一直以来他把孔子视作"古良史"，即优秀的史官；又因孔子的无神论立场（主张"以天为不明及无鬼神二事"），将其视为"破坏鬼神之说"（《儒术真论》，1899 年）。在这两点上，章太炎的看法是一以贯之的。他将孔子的贡献概括为："制历史"（作《春秋》）、"布文籍"（删定六经）、"振学术"（传播思想）、"平阶级"（兴办民间教育）。然而，在另一方面，章太炎又因孔子带有"儒家必至之弊"而对其持批判态度，认为孔子没有实践能力，"胆小"（《东京留学生欢迎会演说辞》，1906 年），注重"时中"，而"道德不必求其是，理想亦不必求其是，惟期便于行事则可矣。用儒家之道德，故艰苦卓厉者绝无，而冒没奔竞者皆是"。关于这方面的具体研究，可参看李昱《论章太炎评孔子》（《孔子研究》2012 年第 4 期）、陈壁生《"孔子"形象的现代转折——章太炎的孔子观》（《中国人民大学学报》2015 年第 3 期）、王小惠《清末章太炎孔子观与鲁迅笔下的孔子形象》（《鲁迅研究月刊》2015 年第 8 期）、贾泉林《章太炎：学术与政治互动形成的孔子观》（《孔子研究》2016 年第 4 期）等文章。

秦始皇

【人物简介】秦始皇（前259年—前210年），姓嬴，名政，秦庄襄王之子。13岁即王位，39岁称帝，在位共37年。秦始皇是秦王朝的建立者，在他手上结束了战国的分裂局面，完成了中国的统一，同时他也是中国历史上第一个使用"皇帝"称号的君主，后人称其为"千古一帝"。

【章氏评论】

人主独贵者，其政平；不独贵，则阶级起。唐、宋虽理，法度不如汉、明平也。亦有踦偶，非斠然一概者。明制贵其宗室，孽子诸王，虽不与政柄，而公卿为伏谒；耳孙疏属，皆气禀于县官。非直异汉，唐、宋犹无是也。汉世游侠兼并，养威于下，而上不限名田，以成其厚。武帝以降，国之辅拂，不任二府，而外戚窃其柄，非直异明，唐、宋亦绝矣。要以著之图法者，庆赏不遗匹夫，诛罚不避肺府，斯为直耳。

古先民平其政者，莫遂于秦。秦皇负扆以断天下，而子弟为庶人。所任将相，李斯、蒙恬，皆功臣良吏也。后宫之属，椒房之嬖，未有一人得自遂者。富人如巴寡妇，筑台怀清，然亦诛灭名族，不使并兼。嗟乎！韩非道《八奸》，同床、在旁、父兄皆与焉。世之议政者，徒议同床、在旁，而父兄脱然也。秦皇以贱其公子、侧室，高于世主。夫其卓绝在上，不与士民等夷者，独天子一人耳。天子以秉政劳民贵，帝族无功，何以得有位号？授之以政而不达，与之以爵而不衡，诚宜下替，与布衣黔首等。夫贵擅于一人，故百姓病之者寡，其余荡荡，平于浣准矣。藉令秦皇长世，易代以后，扶苏嗣之，虽四三皇、六五帝，曾不足比隆也，何有后世繁文饰礼之政乎？

且本所以贵者在守府，守府故亦持法。末俗以秦皇方汉孝武；至于孝文，云有高山大湫之异。自法家论之，秦皇为有守。非独刑罚依科也，用人亦然。韩非有之曰："明主之更，宰相必起于州部，猛将必发于卒伍。夫有功者必赏，则爵禄厚而愈劝。迁官袭级，则官职大而愈治。"（《显学》篇）汉武之世，女富溢尤，宠霍光以辅幼主。平生命将，尽其嬖幸卫、霍、贰师之伦。宿将爪牙，若李广、程不识者，非摧抑乃废不用。秦皇则一任李斯、王翦、蒙恬而已矣。岂无便辟之使、燕昵之竭邪？抱一司契，自胜而不为也。孝武壹怒，则大臣莫保其性。其自太守以下，虽直指得擅杀之。文帝为贤矣，淮南之狱，案诛长吏不发封者数人，迁怒无罪，以饰己名。世以秦皇为严，而不妄诛一吏也。由是言之，秦皇之与孝武，则犹高山之与大湫也。其视孝文，秦皇犹贤也。

尝试计之，人主独贵者，政亦独制。虽独制，必以持法为齐。释法而任神明，人主虽圣，未无不知也。惑于左右，随于文辩，己之措置，方制于人，何以为独制？自汉、唐以下者，能既其名，顾不能既其实，则何也？建国之主，非起于草茅，必拔于搢绅也。拔于搢绅者，贵族姓而好等制；起于草茅者，其法无等，然身好宕跌，而不能守绳墨。独秦制本商鞅，其君亦世守法。韩非道"昭王有病，百姓里买牛而家为王祷。王曰：非令而擅祷，是爱寡人也。夫爱寡人，寡人亦且改法，而心与之相循者，是法不立。法不立，乱亡之道也！不如人罚二甲，而与为治。秦大饥，应侯请发五苑以活民。昭襄王曰：秦法，使民有功而受赏。今发五苑之蔬草者，使民有功与无功俱赏也。夫发五苑而乱，不如弃枣蔬而治。"要其用意，使君民不相爱，块然循于法律之中。秦皇固世受其术，其守法则非草茅、搢绅所能拟已。

秦政如是，然而卒亡其国者，非法之罪也。六国公族，散处闾巷之间，秦以守法，不假以虚惠结人。公族之欲复其宗庙，情也。且六国失道，不逮王，战胜而有其地，非其民倒戈也。审武王既袭，成王幼弱，犹有商庵之变。周继世而得胡亥者，国亦亡；秦继世而得成王者，六国亦何以仆之乎？如贾生之《过秦》，则可谓短识矣。秦皇微点，独在起阿房及以童男女三千人资徐福，诸巫食言，乃阬术士，以说百姓。其他无过。

——《秦政记》(1910 年 2 月)

秦博士七十人，掌通古今。(《百官公卿表》)识于太史公书者，叔孙通、伏生最著。仆射周青臣用面谀显，淳于越相与牴牾，衅成而秦燔书。其他《说苑》有鲍白令之，斥始皇行桀、纣之道，乃欲为禅让，比于五帝。(《至公篇》)其骨鲠次淳于。《汉·艺文志》儒家有《羊子》四篇，凡书百章；名家四篇则《黄公》，黄公名疵，复作《秦歌诗》。二子皆博士也。京房称赵高用事，有正先，用非刺高死。(孟康曰："姓正名先，秦博士也。")冣在古传记，略得八人，于七十员者九一耳。青臣朴樕不足齿，其七人或直言无挠辞，不即能制作，造为琦辞，遗令闻于来叶。

其穷而在蒿艾，与外吏无朝籍，烂然有文采论籑者：三川有成公生，与黄公同时。当李斯子由为三川守，而成公生游谈不仕，著书三篇，在名家。从横家有《零陵令信》一篇，难丞相李斯。(皆见《艺

秦铜车马

文志》。）秦虽钳语、烧《诗》《书》，然自内外荐绅之士，与褐衣游公卿者，皆抵禁无所惧，是岂无说哉？

或曰，秦焚《诗》《书》、百家语在人间者，独博士如故。将私其方术于己以愚黔首。故叔孙通以文学征待诏博士；而陈胜之起，诸生三十余人，得引公羊"人臣无将"以对二世。（郑樵、马端临说，实本《论衡》。《论衡·正说》篇曰："令史官尽烧五经，有敢藏《诗》《书》、百家语者刑，唯博士官乃得有之。"近人多从其说。）或曰，秦火及"六籍"，不燔诸子。诸子尺书，文篇具在可观。（见《论衡·书解》篇。）孟子徒党虽尽，故篇籍得不泯绝。（《孟子题辞》）

夫李斯以淳于越之议，夸主异取，故请杂烧以绝其原。越固博士也。商君以《诗》《书》《礼》《乐》为"六虱"（《靳令篇》），尽划灭之，而以法家相秦者宗其术。然则秦不以"六艺"为良书，虽良书亦不欲私之于博士。（其云非博士官所职，天下敢有藏《诗》《书》、百家语者，倒言之，即是天下敢有藏《诗》《书》、百家语，非博士官所职者。正谓《诗》《书》、百家语，非博士官所职也。自仲任误解，乃谓博士官独有其书。郑、马之徒，沿袭斯论，遂为今日争端。）即前议非矣。

斯以诸侯并争，厚招游学为祸始。故夫滑稽便辞而不可轨法者，则六国诸子是也。不燔六艺，不足以定一尊。诸子之术，分流至于九家，游说乞贷，人善其私，其相攻尤甚于六艺。今即弗焚，则恣其曼衍乎？诸子与百家语，名实一也。不焚诸子，其所议者云何？诸子所以完具者，其书多空言，不载行事，又其时语易晓，而口耳相授者众。自三十四年焚书，讫于张楚之兴，首尾五年，记诵未衰，故著帛为具。验之他书，诸侯史记与《礼》《乐》诸经，多载行事法式，不便谊诵，而《尚书》尤难读，故往往残破。《诗》有音均则不灭，亦其征也。此则后议复非矣。

余以为著于法令者，自《秦记》、《史篇》（秦八体有大篆，不焚《史篇》）、医药、卜筮、种树而外，秘书私箧，无所不烧，方策述作，无所不禁。然而文学辩慧，酣于人心，上下所周好，虽著令，弗能夺也。烧书者，本秦旧制，不始李斯，自斯始旁及因国耳。韩非言："商鞅焚《诗》《书》，明法令，塞私门之请，以遂公家之劳；禁游宦之民，以显耕战之士。"《和氏》篇。其验也。商君既诛，契令犹在，遗法余教未替。然张仪、范雎、蔡泽之伦，结轶叩关，游谈不绝，亦数称六艺成事。及不韦著书，以县国门，秦之法令，弗能绝也。后李斯者，汉初挟书之令未刬，然娄敬以戍卒挽辂，上谒高帝，亦引《太誓》为征，汉之法令，弗能绝也。夫高祖则溺儒冠，秦之诸王，非能如李斯知六艺之归也。然其律令在官，空为文具，终不钩考，以致其诚。今始皇不起白屋，而斯受学孙卿，好文过于余主，此则令之之谏，零陵之难，成公之说，一切无所穷治，自其分也。又况票票羊、黄之徒乎？以斯斳于用法，顾使秦之黎献，因是得优游论著，亦斯赞之矣！

若其咸阳之坑，死者四百六十人，是特以卢生故，恶共诽谤，令诸生传相告引，亦犹汉世党锢之狱，兴于一时，非其法令必以文学为戮。数公者，诚不以抵禁幸脱云。

——《秦献记》（初作于1901年，辛亥革命前修改后发表于1910年《学林》第二期。1914年，章太炎根据1910年原稿发表于《雅言》第六期）

【说明】章太炎一改历代多数学者对秦始皇的批评，认为秦政功大于过。他在《秦政记》中指出了秦始皇统治中诸如坚守法制、抑制宗室不任人唯亲、不乱杀无辜、不制造特权阶层等优点。秦始皇与汉武帝相比，如同高山与深渊一样（"犹高山之与大湫也"）；甚至比之汉孝文帝更为贤明，"虽四三皇、六五帝，曾不足比隆也"。除《秦政记》外，章太炎还撰有《秦献记》一文，论述"焚书坑儒"对于巩固新制度的必要性（"不燔六艺，不足以尊新王"）。此文最初是针对康有为借着攻击秦始皇否定批孔的谬论而写，而章太炎在1914年再度发表则是为了揭露袁世凯复辟帝制的阴谋。

汉文帝

【人物简介】刘恒（前203年—前157年），刘邦第四子，母薄姬，汉惠帝之庶弟。西汉第五位皇帝（前180年—前157年在位），在位23年，享年47岁。葬于霸陵（在今陕西省西安市灞桥区白鹿原东北角）。其庙号太宗，谥号孝文皇帝。

【章氏评论】

客或问曰：前世善专制者，谁邪？

章炳麟曰：莫若汉孝文皇帝。当衰周以降，五伯七国代兴，时盛时衰，其臣有怨叛上弑，终不以冠带之民，北面而事熏鬻也。（春秋贾季奔狄，盖避患耳，非为彼谋主也。）及秦政刻亟，汉初尚犹师其余法，而韩信、陈豨、卢绾，皆外叛为匈奴用。此为仇其工宰，以及其宗国矣！孝文独以端居无为亭毒其民，仁不容奸，而法不司隐，使人人得以缓带而议，阔步而游。是故其民免于毒螫，怀其国常，廉耻始兴，以降叛为诟。褚蓄余力以竢子孙，而后举狼居胥之功，中夏克巩，人民乃始终不忘刘氏。此为爱其宗国，以及其工宰也！其次有若光武皇帝，下及魏、宋，政虽詧厉，然犹使民怀保其生，以无忘备守，狡虏无所乘其衅瑕。未逮孝文，而犹不失为能者矣。

——节选自《检论·近思》

曹　操

【人物简介】曹操（155 年—220 年），字孟德，沛国谯（今安徽亳州）人。三国时著名的政治家、军事家和文学家，以镇压黄巾起义和讨伐董卓而显名当时。其子曹丕称帝后，追尊他为魏武帝。

曹操像

【章氏评论】

宣哲惟武，民之司命。禁暴止戈，威谋靡竞。夫其经纬万端，神谟天挺。出车而猃狁襄，戎衣而关、洛定。登黎献乎衽席，拯尨倪乎陧阽。而又加之以恭俭，申之以廉靖。廷有壶飧之清，家有绣衣之儆。布贞士于周行，遏苞苴于邪径。务稼穑故民孳殖，烦师旅而人不病。信智计之绝人，故虽谲而近正。所以承炎刘之讫录，尸中原之魁柄。夫唯其锋之锐，故不狐媚以弭戎警。其气之刚，故不宠赂以要大政。桓、义以一匡纪功，尧、舜以耿介称圣。苟拟人之失伦，胡厚颜而无报。

—— 《魏武帝颂》(1914 年)

继《十九首》而振诗风，当然要推曹孟德父子。孟德的四言，上不摹拟《诗经》，独具气魄，其他五言、七言诗，虽不能如《十九首》的冲淡，但色味深厚，读之令人生快。魏文帝和陈思王的诗，也各有所长，同时刘桢、王粲辈毕竟不能和他们并驾。钟嵘《诗品》评《古诗十九首》说是"一字千金"，我们对于曹氏父子的诗，也可以这样说他，真所谓："其气可以抗浮云，其诚可以比金石。"……三国时曹家父子三人——操、丕、植——文名甚高。操以《诏令》名，丕以《典论》名，植以《求自试表》等称。人们所以推尊他们，还不以其文，大都是以诗推及其文的。

—— 节选自《国学概论》(章太炎口述，曹聚仁笔录整理)

汉季阉宦乱政，人所深嫉。曹腾虽无过，人恶其类自若也。魏武自知非岩穴之士，为人所轻，故务为名行以雪之，诸名士遂折节与交，此其难能者。然则洛京不乱，彼亦以大将军终矣。……汉王与陈平黄金四万金，令间楚君臣。至魏武，则纯以智胜谋人，无行金之事，岂其守正过于汉王邪？秦末士多污行，故可贿；汉末士尚廉洁，故不可贿尔。……魏世学未大丧，其始魏武所任，节义如王修，清白如国渊，骨鲠如崔琰……学行皆足以自辅。

—— 节选自《菿汉昌言·区言一》

【说明】曹操在中国历史上评价不一，章太炎是较早系统肯定其成就的近代学者。他不随旧论，尤其对曹操的文学造诣表示推崇。《魏武帝颂》作于章氏被袁世凯软禁在北京期间，从表面上看，他是在歌颂曹操，实则是嘲讽袁世凯。

陆　机

【人物简介】陆机（261年—303年），字士衡，吴郡吴县（今江苏苏州）人。西晋著名文学家、书法家。出身吴郡陆氏，为孙吴丞相陆逊之孙、大司马陆抗第四子，与其弟陆云合称"二陆"，又与顾荣、陆云并称"洛阳三俊"。太康十年（289年）受征入洛阳，后辟祭酒，累迁太子洗马、著作郎等职。后死难于"八王之乱"。有《平复帖》存世，为现存最早的古代名人书法真迹。

【章氏评论】

《晋书》称陆机服膺儒术，非礼不动。观其德量所致，诚非独文采而已。机父、祖为吴世臣，少直倾覆，吴亡，十年不仕，著论辨亡，指斥强寇，庶几《小雅》风人之绪。辞赋多悲，懿亲彤丧，怀土不衰，张华以为声有楚焉。与弟云，频烦执讯，悉密如儿晏语，孝友之性，盖得之自然也。

又其照灼人事，扶翼通人，戒齐囧于盛年，拔戴渊于群盗，卓荦之量，亦有祖父风矣！自吴国初建，张子布、顾元叹、诸葛敦仁、虞仲翔之伦，咸以令德清重，连相保持。机之族，始于陆绩，说《易》明《玄》，为经术大师。绩女郁生十三丧夫，誓死不践二庭，其国风家仪可知也。及丞相大司马父子，武以克敌，忠以匡君，血诚之辞，下感百世。又讥刘廙先刑后礼，穆然三代之英，近古之大儒也。子姓渐染闺门之教，雅素有则。机又常与贺循、顾荣友善，渐其德礼，其服膺儒术，亦信矣。是以文章彬彬，不尚浮艳，又无魏、晋荡肆之言，斯皆大吴之化，子布、敦仁、三陆之所流邺也。以机之文行忠信，而点污于贾谧，备二十四友焉。涅而不缁，出入未尝与倾侧谋，犹与夫潘岳之徒，齐贞邪于一目，悲夫！川泽纳污，瑾瑜匿瑕，兹孟轲所以诃乐正欤？然自晋室之衰，琅邪南宅，旧都贪淫，余烈渐以歇渐，斯亦大吴善俗之所砻厉，机虽一介，足以仿佛见端。

　　余读《陆机传》及其文章，以为皓作淫虐，自祸厥宗，虽世勋苗胄，改事新主，无嫌也！犹裴回十岁，不忍死其宗室。故君既不获已而仕于晋，重遇惠帝昏乱，势不洁全，簸荡伦、颖之间，以疏逖俘余，总督六师。近监于王姻，远构于媵御，转相牵掣，虽有穰苴之略，未或不崩。谗人间之，至于陨身湛宗，三英同戮，以彼其明，而

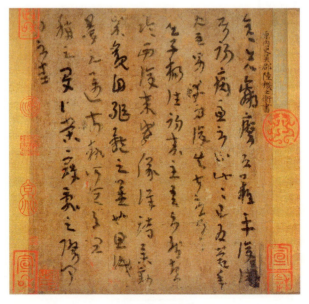

陆机《平复帖》

日月闇于微眚，思之未常不愤懑也！然撮其文章行迹，犹不失为南国仁贤，校计胜劣，宜在锺仪、乐正克之次。

——《陆机赞》

陆家父子——逊、抗、凯、云、机——都以文名，而以陆机为尤，他是开晋代文学之先的。晋代潘、陆虽并称，但人之尊潘终不如陆，《抱朴子》中有赞陆语，《文中子》也极力推尊他，唐太宗御笔赞也只有陆机、王羲之二人，可见人们对他的景仰了。自陆出，文体大变，两汉壮美的风气，到了他变成优美了。他底文，平易有风致，使人生快感的。晋代文学和汉代文学，有大不相同之点。汉代厚重典雅，晋代华妙清妍，差不多可以说一是刚一是柔的。东晋好谈论而无以文名者，骈文也自此产生了。南北朝时傅季友（宋人）骈体殊佳，但不能如陆机一般舒卷自如，后此任防、沈约辈每况斯下了。

——节选自《国学概论》（章太炎口述，曹聚仁笔录整理）

刘　裕

【人物简介】刘裕（363 年—422 年），字德舆，小字寄奴，祖籍彭城，侨居京口。南朝宋开国皇帝，史称宋武帝。在位三年，庙号高祖。

【章氏评论】

明昭有宋，放勋之裔，降在彭城。

斩断不若，龙蛇窜逃，辟回神灵。

号师淮上，馘孙走卢，南交廓清。

桓氏背诞，黜之建业，返帝宅京。

大赐彤弓，虎贲百人，以专讨征。

惟初永嘉，五胡枪囊，嫚我提封。

王赫冯怒，跋驾戎车，北临青雍。

师旅用命，兵不血刃，灭姚、慕容。

沟封黄河，西起大白，东暨岱宗。

日月所照，截削左衽，无有羯戎。

黎民诵德，上荐天球，践升法宫。

大布之衣，大帛之冠，土屏葛笼。

放极佞人，遏绝音乐，返质还忠。

千四百岁，观仰城阙，咸思元功。

天下神器，有号天王，严不可干。

橐灭适国，疆理四封，百姓大安。

上称高号，履籍不安，比皇轩辕。

后有幺磨，穿窬滔天，家室相残。

敢奸王命，盗偷左纛，视此书丹！

——《宋武帝颂》（1914 年）

【说明】《章太炎自定年谱》"中华民国四年（1915 年）"称："时袁氏帝制萌芽已二岁矣，往日当事数遣客来伺余意，道及国体，余即以他语乱之。"民国二年（1913 年）7 月，孙中山领导二次革命反对袁世凯，但为袁氏镇压。次月，章太炎与汤国梨新婚不久，即冒危入京，欲"挽此危局"，怎料抵达北京后即被袁氏软禁，时间长达三年之久，直到五年袁氏殒命方才重获自由。软禁期间，创作《宋武帝颂》《魏武帝颂》《巡警总监箴》《肃政使箴》四首诗作，讽刺时事，借辞章抒发悲愤之情。

王安石

【人物简介】王安石（1021 年—1086 年），字介甫，晚号半山，抚州临川（今江西抚州）人。北宋著名的政治家、文学家。庆历二年（1042）进士，由签书淮南判官而至执政。熙宁二年（1069）任参知政事，开始推行新法，进行改革。从熙宁三年到九年，两次拜相，两次罢相，最后退居江宁。

王安石像

【章氏评论】

公与邓析，旷世比肩。制法厉民，小鸟之翩。学术坏烂，伊公是先。事无左验，冯臆欺谩。颠到六籍，专作矫虔。分文窜句，出好惟言。鼎足而居，嘉定伊川。淫文破典，同波异澜。惇史既丧，名守以慢。芸芸黔首，遂忘旧贯。谁与正之？叔重孟坚。

——《王荆公画像赞》（1908 年）

宋朝人分做几派：一派是琐碎考据的人，像沈括、陆佃、吴曾、陆游、洪适、洪迈都是。王应麟算略略完全些，也不能见得大体。在六艺里面，不能成就得那一种；一派是好讲经世的人，像苏轼、王安石、陈亮、陈傅良、叶适、马端临都是。陈、马还算着实，其余不过长许多浮夸的习气，在历史既没有真见，在当时也没有实用；一派是专求心性的人，就是理学家了。比那两家，总算成就。除了邵雍的鬼话，其余比魏、晋、宋、齐、梁、陈的学者，也将就攀得上。历史只有司马光、范祖禹两家。司马光也还懂得书学。此外像贾昌朝、丁度、毛居正几个人，也是一路。像宋祁、刘放、刘奉世、曾巩又是长于校勘，原是有津逮后学的功。但自己到底不能成就小学家。

——节选自《论教育的根本要从自国自心发出来》（1907 年至1910 年讲于日本，原载 1910 年 5 月 8 日发行《教育今语杂志》第三册）

宋神宗时，国势虽衰，民犹安乐，安石乃以变风俗、立法度为急，而其法又主于聚敛，宜其败矣。……后之论者以王莽、王安石皆依《周礼》施政而败，故反对《周礼》。余谓二王致败之由在不知《周礼》本非事事可法，只可师其意，而不可袭其迹。……宇文周时，关陇残破，苏绰为六条诏书奉施行之，……盖以《周礼》为本，终能琢雕为朴，变奢从俭。隋及唐初，胥蒙其福。

——节选自《国学略说·经学略说》

神宗时王安石治经，著有《三经新义》，当时以为狂妄。原书已难考见，但从集中所引用的看来，也不见得比欧阳修更荒谬，想是宋人对于王安石行为上生怨恶，因此嫌弃他的学说。王的学说，传至弟子吕惠卿辈，真是荒谬绝伦，后来黄氏有《细素杂记》，把《诗经》看做男女引诱的谈论，和《诗经》的本旨就相去千里了。

——节选自《国学概论》（章太炎口述，曹聚仁笔录整理）

王夷甫（王衍）重老子，知其无为，不知其无不为。王介甫（王安石）重老子，并知申、韩之法，亦出于是矣。殊途同归，俱用败亡者，何哉？不知以百姓心为心也。

——《莂汉微言》

刘伯温

【人物简介】刘基（1311年—1375年），字伯温，浙江青田人（今属温州市文成县）。元末明初军事谋略家、政治家及诗人，通经史、晓天文、精兵法。著《郁离子》一书。他辅佐朱元璋完成帝业、开创明朝，又以洞察术数而闻名于世。

【章氏评论】

民国四年，乡下有武，曰章炳麟，瞻仰括苍，吊文成君。于铄先生，功除羯戎，严以疾恶，刚以制中，如何明哲，而不考终，去之五百，景行相从，千秋万岁，同此诏家。

——《吊刘文成公文》（1915年6月，据《制言》第四十四期）

西南六杰：帝高阳氏、夏后大禹、楚庄王、汉光武皇帝、诸葛孔明、虞彬甫，别附：汉大义皇帝友谅。

东南八杰：吴王夫差、西楚霸王、魏武皇帝、桓元子、谢安石、宋武皇帝、明高皇帝、延平王成功，别附：太平天王秀全。

浙江八杰：越王勾践、吴武烈皇帝、吴大皇帝、陈武皇帝、宗汝霖、刘伯温、于廷益、张玄著。

右南夏英贤二十有二人，别附二人。自高阳氏起于若水，北定穷朔，以诛蚩尤之裔，九黎之寇。夏后产于石纽，疆理中国，别生分类。自是南夏有英贤出，皆能挞伐胡戎，致届有北，右所题名是也。地以汉淮为界，故不录汉高皇；人以生长土断，故项王归吴，武侯归

章炳麟行书南夏英贤题名记横披（重庆中国三峡博物馆藏）

荆，安石归建业，宋武归丹徒。庄王以胜晋，夫差以伯黄池，勾践以都琅邪，武烈以破董卓、羌胡之兵，曹公以臧踬顿见录，阖闾桓王战于门内，则阙焉。陈、洪二王，志亦广矣，以无英雄之略，故在别附。乌虖！自晋之东，中州已杂羯胡；女真以降，风教言语浸变为夷，诸夏唯有梁、荆、扬三部，其可自相距为伧虏驱除邪？乙卯夏六月，章炳麟记。

——《南夏英贤题名记》（1915 年 6 月，据《制言》第四十四期）

《传》曰：当仁不让于师。金火相革，《易·象》见之矣。粤若名世，萧何、子房之伦，黄中通理，后生其孰敢方迹？有如郦生，狂直人也。娄敬以论都显。始救生民，终明风概者，则汉、晋有荀彧、刘穆之参而有焉，中坚异是也。古今人亦诚不可比拟，厥距戎狄，乡有鄂王及于廷益、张玄著三墓，余所值兴废又殊也。功状性行，足以上度，其唯青田刘文成公。既密近在五百年，又乡里前文人，非有蹎踬难知之事，如有所立，风烈近之矣。遭值昏明异路，谋议随之，则同异复有数端。

文成少为禄仕，不忍沦宗，翣然归于明祖，筹策数中，遂定中原，庚复汉绩。而又天性贞亮，疾恶如仇，以离酖毒，虽智略盖世，不获保其一身。余少慭建州，语辄发愤，躬执大象，鼓万物而不为主，喦阻艰难，备尝之矣！回薄十年之间，海宇胖应，武昌始义，兵不顿刃，遂覆清宗。亦以少好婞直，功成不改，从事南、北两政府间，苟有辟违，弹射不避交游贵幸，遂遭倾陷，横逆荐臻。孤立群贵之中，旁无一言之佐，惧天禄之不永，以忧思殁吾躬，他变又不可豫规也。斯乃大体素同者矣。文成择君而事，耦俱无猜，吴本奉香军名号，事败，要其御床，以平南朔。余念在破胡，不遑简别，所遇数雄，规模皆不能闳远。建州既覆，又将裁割息壤，以诒他人，其无赖乃与文成所黜者等。迨呕之故，以不能知人择主，悲夫，悲夫！观前哲所以踟蹰寡合，与其无令羯羠干位者，汗未尝不彻理濡袍也！且以文成亘建南都，而不能止金川之崩陷。余直俟张之顷，屠胡假气，犹在极北，不建宛平以镇之，余孽乘虚，其将牵复以临明堂。北都建而清命斩，小腆伏息，终无后忧。是时唯欲神州宁谧，汉族全制，诚不意狂狁据之，以方命圮族也！卒乎民政顿挫，伦党府怨，姗谤丛于一身，正刳心着地，犹不足自明其款诚，而息人之谰言。故以上较文成，相宅异地；本之赤心，而有不虞之患又同。此又不足为少年俗士言也。

夫以巨细一端相较，犹有窃比老彭，拟迹晏子者。况其同者，乃在性行功状之间；其异者，直遭世隆污云尔乎？故曰：见贤思齐焉。死者如可作也，犹将与征邻德，听其雅驯，以督任人无状之咎。今旦暮绝气，而宅兆未有所定，其为求文成旧茔隟地，足以容一棺者，并焉安处！民国四年十月，余杭章炳麟造。

——《终制》（1915 年）

明太师诚意伯刘文成公，造《郁离子》《覆瓿集》《犁眉公集》

《写情集》《翊运录》《春秋明经》六种，后人辑为一书，其版在青田祠堂，浙江书局重刊焉。明季钟惺别尝第次其文，独不录诗，然公诗文自明时已散佚不具。清雍正世，有韩锡胙作《滑疑集》，称青田石门洞西麓，今为灵佑寺，寺范诚意伯像，则其平生读书处也。石门洞，山水傀倚，自李白、丘为、秦观、楼钥皆有诗刻石。今《诚意集》中独戈溪一诗，若石飄白岸砺石诸胜，未尝有片言，意其文散佚者多矣。今祠堂版本复被燔，独浙局重刻者为能仿佛。民国四年冬，公裔孙崧申，以炳麟慕公深，属为之序。

乃序曰：昔胡元陆梁，轶我保介，百年乃有韩、徐诸雄，起于荆、豫，顾骄侈不足与共大事。而张士诚、方国珍据吴、越间，又羁属元，受其爵赏。其唯明祖，高才荦确，为有长人之德。公以耆硕，为之师保。其始经略不满千里，而能西刈陈明，东羁张方，命率北征，胡酋鸟窜，奄有禹域，光复旧物，皆由公赞画为多。成功盛德，上方留侯，固无得而称焉。

其性行刚廉，不随流俗，灼然效于文辞，发言奘驵，刚健旁通，又为明一代宗师，甚非后进所能褒颂也。顾世或以尝仕胡元为公诟病，亦或比伊尹五就汤、桀，妄者且言公本为元，计穷乃归明，或又傅以谶记方术之辞。案公少举进士，仕元至江浙儒学副提举，未尝践朝列，居方面长官，斯禄仕之常耳。方国珍小寇掎扈，蟊害闾里，其志固不为攘戎貉、匡汉略。公之起，则为乡邑保障，不为元行省干城，厥颂石末德政，与其倡和酬酢之文，非大体也。尝作《伐寄生赋》，称异类滋长，旧本就悴，非其种者，锄而去之。《战城南》称五服限夷夏，彼狂长。《走马引》称报戴天之耻。及《题谢皋羽传》讼言毡裘鞮唱，指斥无忌。其分北戎夏之志，往往形于篇什间矣。

晚岁功成，畴庸数世，子姓挙衍过万人。明亡至今，未有一人受清流官禄秩。足以知公遗教余泽，流于后昆，而云素无其志，斯肤论也！诸所言术数事，明人笔札，已侈言之。案公文多胡元时作，入明差少，其帷幄密议则绝。诚以篇第残夺，亦由军国大议，造次立陈，君臣无壅，无待章奏封事云云也。世人怪公筹略广而文疏少，遂以神怪之事傅之。古之名世，若诸葛武侯、鲁横江者，其盛美独在定策数言，不于行军曲折，事事指而数之也。公与明祖所论方略，《列传》已详。及以御史中丞留守，惩宋、元宽弛，以严为纪。其后明祖斩断逾溢，又言霜雪之后必有阳春，为政宽猛如循环。徒恨明祖不尽采用，其言非少也。凡诸云物风角形法壬遁之言，前世豪杰，或兼知之。公善为天官历象及《灵棋经》，明祖起香军，所任周颠、张中之徒甚众，性不可移，或时举占候，令易听用。要其发纵指示，处以人事，而不以方术断也。

炳麟去公久远，自明元戊申，以逮民国纪元壬子之岁，五百四十有四年矣。平居问学，未能逮公豪末，独以怀志操行大同，幸而克济。非曰勤劳，其公在天之灵，实式冯之！甚欲瞻礼颂法，敬荐酒脯，身在厄困，怀不可遂。以为古者要离、梁鸿，趋舍异路，犹以冢墓相连。炳麟于公，非独要离、梁鸿也。咨于公之裔孙，而先为圹，密迩于公，以申生死慕义之志。公之微旨，亦非炳麟莫敢任其言也。是用斋栗叙次，以归公祠。民国四年十一月，后学章炳麟序。

——《诚意伯集序》（1915 年 11 月）

【说明】章太炎在《终制》《诚意伯集序》二文中，评述了刘伯温对明朝的建国之功、性情文章以及其术数诸事，对其赞誉不已。《南夏英贤题名记》作于 1915 年 6 月，章太炎以淮汉为限、生长地为断，列出南中国二十一英贤，其中西南五杰、东南八杰、浙江八杰。后《南夏英贤题名记》一文发表于 1931 年《国学丛编》第 1 卷第 1 期，与此手书名单、文字皆有出入，文中列西南六杰、东南八杰、浙江八杰共二十二人，别附汉大义皇帝（陈友谅）、太平天王（洪秀全）二人。汪荣祖在《学林漫步·太炎新墓记》说："太炎素仰大明开国元勋刘基（字伯温）……民国四年遭袁氏禁锢时，乃撰《终制》篇，欲与'刘公墓相连'。"1915 年 9、10 月间，章太炎被袁世凯软禁于北京，虽然处境艰难，但泰然自若，毫不畏惧，并做好了慷慨赴死的准备。他作《终制》《诚意伯集序》，又联系刘伯温后裔刘崧申，表达了希望死后葬在刘伯温墓旁的要求。参见章念驰《章太炎与刘伯温》一文。

王守仁

【人物简介】王守仁（1472 年—1529 年），字伯安，谥文成，浙江余姚人，自号阳明子和阳明山人，世称阳明先生。明弘治十二年（1499 年）进士，赐观政工部。正德元年（1506 年）因得罪宦官刘瑾而入狱被发配贵州。刘伏诛后，移知庐陵，寻升任右佥都御史，巡抚南赣。后以镇压农民起义和平定宁王之乱被封为新建伯，官至南京兵部尚书等。卒谥文成。创立阳明学派，其思想对后人影响深远。著作由门人辑成有《王文成公全书》38 卷。

王守仁像

【章氏评论】

所贵于裁削省要者，非谓其能从政也，谓敢直其身、敢行其意也。所恶于狂者，非谓其异圣王、多琦行也，谓外跞弛而内回邪。

近观王文成之化人，盖近黄石公矣。夫情性之极、计会之微，虽空虚若不可以卷握，其思理纷纭，人鬓鱼网犹将不足方物。故墨子之《经说》，荀卿之《正名》《解蔽》，其介画察察也。夫易言性道者，言无分域，抱蜀一趣，而自以为径省。是则非学也，故心术之精者耳。然世人多其成功，以为度越先儒远甚。案：其运筹制胜，霆清区夏，未若刘基也；转危为安，未若虞允文也；威慑强寇，未若种师道也。师道少游张载之门，唯允文尚亦旁皇程氏，基所闻学，则朱、吕之末师。

此三子者，乘时立功，或梯之以致败，而敌多大于小侯俚酋。文成拟之，则劣矣！明世文吏能克敌者，韩雍盖与文成等夷，以无学术，世人未尝齿数。相提而论，宁有短长焉？且以文成之学任兵者，万历以降，心学旁魄满朔南矣，而力不能支清虏。此为先师所以制胜者，职其少习兵事，才气过人，其为术财得半耳。后学才气服习弗如，唐慕其术，夫何幸胜之有？

今世谈者，颇以东国师任王学，国以富强。此复不论其世。东国者，初脱封建，人习武事，又地狭而性抟固。治王学，固胜纵治朱、吕之言，犹自惊也。夫其民志强忍，足以持久，故借王学足以粉墨之。中国民散性媮久矣，虽为王学，仅得如明末枝柱一时，其道固不可久。且夫本王学以任事者，不牵文法，动而有功，素非可以长世也。观自文成以后，徐阶复习其术，以仆严嵩；辅主数年，而政理昏惰，子姓恣轶，又未能去嵩绝远。此则其术足以猝起制人，不足以定天保、仆大命，明矣！

章炳麟曰：世之苦朱、吕者，或贵陈、叶，或贵王、徐。将比而同之，诚未可也。陈、叶者，规摹壶广，诚令得志，缓以十年，劳来亭毒，其民知方，可任也，而苦不能应变。王、徐者，其道阴骘，善司短长，乍有祸乱，举之以决旦暮之胜，可任也，而苦不能布政。往世萧何之与张、韩，其殊能可睹矣。人虽强敏，二者固弗能以兼蓄。然效陈、叶者，阔远而久成；从王、徐者，险健而速决。晚世人人各自以为骘桀，其诚慕王、徐，而虚言思齐陈、叶，固其所也。然其飞钻制伏之术，便习之，则可以为大佞。校其利害之数，而陈、叶寡过矣。故曰：所贵于截削省要者，菲谓其从政也。以为用志不纷，则敢于直道。古之所谓成人者，见利思义，见危授命，久要不忘平生之言，其本要将在斯也。

夫材理之辨，诚未可乱也。刚略之人不能理微，故其论大体则弘博而高远，历纤理则宕往而疏越。好奇之人横逸而求异，故其"造权谲则倜傥而瑰壮，案清道则诡常而恢迂"。举《人物志·材理篇》语。此皆王学所偏短长也。不尚其敢，而多其能从政，壹意进取，迫而徼幸。其不为外踦弛、内回邪者，几何？

学有玄远而无阡陌者，可易也。有似剀切而不得分齐者，可易也。王文成之学，所失在乙，不在甲矣。而世更以虚玄病之，顾宁人、王而农攻之为甚。

宁人学术近陈、吕、魏、王，其异途无足怪者。而农乃本张子厚者也。子厚盖云："洪钟无声，因扣乃有声；圣人无知，因问乃有知。非谓其如木石也，有不知，故有知；无不知，故无知。故曰'圣人无知，因问乃有知'也。"此其义近实相矣，虽玄远不为诞矣！（有不知，故有知；无不知，故无知；即释氏"起见则有不见，不见故能遍照"之说，辞有反复耳。圣人无知，因问乃有知，即释氏"有依他性、无自依性"之说，说皆高远，而亦实相之言。）而无阡陌可以从入。孰与文成所谓"致良知"者，不下带而道存乎？子厚以理、气分性。其说则枝，而理不可刻识，顾反近虚言也。孰与文成以"无善无恶"称性体者，为知藏识无覆无记，故本无善恶乎？故曰：以文成为虚玄者，非也。

其言"知行合一"者，知有节序、行有衰次，特未有定也。定别之，则不可以齐概。且夫行者，不专斥其在形骸，心所游履与其所见采者，皆行也，心之精爽乍动，曰"作意"。未有不作意而能行者。作意则行之端矣。是故本其初位，行先于知也。心所取象为之意言，然后有思。思者，造作也。取象为"知"，造作为"行"，是故据其末位，知先于行也。怒斯作气，惭斯额颜，哀斯陨涕，惧斯振栗，喜斯嫖䌽，是故别其情态，知行同时也。

昔者宋鈃语心之容，命之曰"心之行"。（《庄子·天下篇》引。容者，思也，《说文》："思，容也。"）或曰欲也。（《乐记》："感于物而动，性之欲也。"《史记·乐书》引之，作"性之颂也"。"颂""容"，古今字，皆与"欲"变声对转相通。感物而动，记未言其衰次，所包甚广。"作意"者，感物而动也；受之顺违，亦感物而动也；思虑造作，亦感物而动也。受之顺违，即所谓"欲"。）其言行者，得包思虑、情态二端。文成虽知其然，顾未知行之衰次也。夫寂然至定者，心所游履，与其自证同时。（梦中独头意识亦然。此非明了之境，故不论。）感而有情者，心所见采，与其顺违同时。舍是二者，知行固不能无先后。文成所论，则其一隅耳。然惟文成立义之情，徒恶辩察而无实知，以知行为合一者，道人以证知也。斯乃过于削切，夫何玄远矣哉？

尝试论之。古者王官散而为九流，晚世诸子本材性以效王官、前民用。程伯子，南面之任也；朱元晦，侍从乡馔之器也；王文成，匹士游侠之材也。天选其形材以赴用，所思终不能出其位，而喙鸣应之。

夫《定性书》者，顺众而无诚；"格物"论者，博观而无统。上者为天王辟公，下者为儒生礼官，道固当然也。夫群众所公是者，己未必厌也。精神之动，心术之流，有时犯众人所公慈。诚志悃款，欲制而不已者，虽骞于太古，违于礼俗，诛绝于《春秋》者，行之无悔焉！然后义不外袭。而为至德之隆。诸足以悬群众者，皆外德也。（案：彭蒙、田骈，慎到之说，以为"选则不遍，教则不至，道则无遗"者矣。是故慎到弃知去己，而缘不得已，椎拍輐断，与物宛转。庄生推之，以为无知之物。无建己之患，无用己之累，动静不离于理，是以终身无誉。此与老聃所谓"圣人无常心，以百姓心为心"，太上下知有之者，岂有异乎？而庄生以为"不知道"。盖三子所学，皆南面之术，不用己则无内心。所谓精神之运，心术之流者，安在乎？适为道之一隅，故曰"不知道"也。程伯子《定性书》，亦与此类。必与王学分职并行，乃为齐物，乃见道之全矣。近世多谓文成所学，近程伯子。此徒据《识仁篇》所谓不待检防穷索者，则文成有似之耳。若夫外绝牵制，内断疑悔，此文成之所独，而伯子所无也。又其性情言议，多不相似。性似伯子者，莫如陈公甫；论似伯子者，莫如湛玄明。玄明所主，在随处体验天理。文成以为求之于外。玄明言："阳明以方寸为心，吾所谓心者，体万物而不遗，故以吾为求外耳。"观此则知湛、王之异，即程、王之异也。心体万物而不遗，所见远出文成之上；至其为道，则亦南面之术耳。）至德者，惟匹士可以行之。持是以长国家，适乱其步伍矣。故曰：文成之术，非贵其能从政也，贵夫敢直其身、敢行其意也。

——《检论·议王》

涂说之士羡王守仁。夫学术与事功不两至，鬼谷明从横，老聃言南面之术，期于用世，身则退藏于密。何者？人之材力有量，思深则业厌也。守仁之学至浅薄，故得分志于戎事，无足羡者。抑守仁所师者，陆子静也。子静剪爪善射，欲一当女真，与之搏。今守仁所与搏者，何人也？仲尼之徒，五尺童子，言羞称乎桓、文。犹曰鄙儒迂生所执。观桓、文之斩孤竹，挞荆舒，非峒谷之小蛮夷也。晋文诛子带以定襄王，子带，康回之篡夫，襄王非有罪也。以武宗之童昏无艺，宸濠比之，为有长民之德。晋文而在，必不辅武宗蹷宸濠明矣。其学既卑，其功又不足劭，校功能之高下，而曰：尧、舜犹黄金万镒，孔子犹九千镒。然则守仁之圣，其将浮于万镒者耶？

——节选自《谴王学》(初刊于 1906 年 11 月《民报》，收入《太炎文录初编》时汇为《说林》)

至人无常教，故孔子为大方之家。心斋克己，诲颜氏也，则能使坐忘不改其乐。次如冉、闵，视颜氏稍逡巡矣。及夫由、赐、商、偃，才虽不逮，亦以其所闻自厉，内可以修身，夕则足以经国。故所教不同，而各以其才有所至，如河海之水然，随所挹饮，皆以满其腹也。宋世道学诸子，刻意欲上希孔、颜，弗能至。及明姚江王文成出，以豪杰抗志为学。初在京师，尝与湛原明游，以得江门陈文恭之绪言。文恭犹以心理为二，欲其泯合，而文成言心即理，由是徽国格物之论瓦解无余，举世震而愕之。

余观其学，欲人勇改过而促为善，犹自孔门大儒出也。昔者子路人告之以有过则喜，闻斯行之，终身无宿诺，其奋厉兼人如此。文成以内过非人所证，故付之于良知，以发于事业者或为时位阻，故言"行之明觉精察处即知，知之真切笃实处即行"，于是有知行合一之说。此乃以子路之术转进者，要其恶文过、戒转念，则二家如合符。是故行己则无忮求，用世则使民有勇，可以行三军。盖自子路奋乎百世之上，体兼儒侠，为曾参所畏。自颜、闵、二冉以外，未有过子路者。晚世顾以谗蔑之，至文成然后能兴其学，其托与陆子静同流者，直以避末俗之讥耳。其后学者尊之，以为优入圣域。或言自其说出，儒释疆界，邈若山河，金镜坠而复悬。

余论文成之徒，以罗达夫、王子植、万思默、邹汝海为过其师。达夫言："当极静时，觉此心中虚无物，旁通无穷，如长空云气，流行无所止极；如大海鱼龙，变化无有间隔，无内外可指，无动静可分，所谓无在无不在，吾之一身乃其发窍，固非形质所能限也。"子植言："澄然无念，是谓一念。非无念也，乃念之至微，至微者，此所谓生生之真机，所谓动之微、吉之先见者也。"二公所见，则释氏所谓"藏识恒转如暴流"者。宋、明诸儒，独二公洞然烛察焉，然不知"藏识"当舍，而反以为当知我在，以为生生非幻妄。思默言易之坤者意也："乾贵无首，而坤恶坚冰，资生之后，不能顺乾为用，而以坤之意凝之，是为坚冰，是为有首，所谓先迷失道者也。"此更知"藏识"非我，由意根执之以为我。然又言"夭寿不贰，修身以俟，命自我立，自为主宰"，是固未能断意根者。所谓儒、释疆界邈若山河者，亦唯此三家为较然，顾适以见儒之不如释尔。孔子绝四，无意、无必、无固、无我，教颜渊克己，称"生生之谓易"，而又言"易无体"，曷尝以我为当在，生为真体耶？自宋儒已旁皇于是，文成

章太炎手书《王文成公全书题辞》

之徒三高材，欲从之末由，以是言优入圣域，岂容易哉？岂容易哉？唯汝海谓："天理不容思想，颜渊称'如有所立，卓尔'，言'如有'，非真有一物在前，本无方体，何可以方体求得？今不读书人止有欲障，而读书更增理障，一心念天理，便受缠缚。尔祇静坐放下念头，如青天然，无点云作障，方有会悟。"又言："仁者人也，识仁者识吾本有之仁，不假想像而自见，毋求其有相，唯求其无相。"此与孔子无知，文王望道而未之见，老子"上德不德，是以有德；下德不失德，是以无德"，及释氏所谓"智无所得，为住唯识"者，义皆相应。然汝海本由自悟，不尽依文成师法，今谓文成优入圣域，则亦过矣。

降及清世，诋文成之学者，谓之昌狂妄行，不悟文成远于孔、颜，其去子路无几也。小人有勇而无义，为盗。自文成三传至何心隐，以劫质略财自枭，藉令子路生于后代，为之师长，焉知其末流之不为盗也？风之力不与雕鹗殊，以不击杀谓之德，不幸而失德，则变与雕鹗等，要之不肯为鸡鹜，审矣。且夫儒行十五家者，皆倜傥有志之士也。孔子之道至大，其对哀公，则独取十五儒为主。汉世奇材卓行若卢子干、王彦方、管幼安者，未尝谈道，而岸然与十五儒方，盖子路之风犹有存者。宋以降，儒者或不屑是，道学虽修，降臣贱士亦相属，此与为盗者奚若？不有文成起而振之，儒者之不与倡优为伍亦幸矣。当今之士，所谓捐廉耻、负然诺以求苟得者也。辨儒释之同异，与夫优入圣域以否，于今为不亟，亟者乃使人远于禽兽，必求孔、颜以为之师，固不得。或欲拯以佛法，则又多义解，少行证，与清谈无异。且佛法不与儒附，以为百姓居士于野则安，以从政处都市涉患难则志节堕。彼王维之不自振，而杨亿、赵抃之能确然，弃儒法与循儒法异也。徒佛也，易足以起废哉？径行而易入，使人勇改过促为善者，则远莫如子路，近莫如文成之言，非以其术为上方孔、颜，下拟程伯淳、杨敬仲，又非谓儒术之局于是也。起贱儒为志士，屏唇舌之论以归躬行，斯于今日为当务矣。

虽然，宋儒程、杨诸师，其言行或超过文成，末流卒无以昌狂败者，则宋儒视礼教重，而明儒视礼教轻，是文成之阙也。文成诸弟子，以江西为得其宗，泰州末流亦极昌狂，以犯有司之禁令耳。然大礼议起，文成未殁也，门下唯邹谦之以抵论下诏狱谪官，而下材如席书、方献夫、霍韬、黄绾争以其术为佞，其是非勿论，要之谀谄面谀，导其君以专，快意刑诛，肆为契薄。且制礼之化，流为斋醮，糜财于营造，决策于鬼神，而国威愈挫。明之亡，世宗兆之，而议礼诸臣导之，则比于昌狂者愈下，学术虽美，不能无为佞臣资，此亦文成之蔽也。文成《传习录》称仲尼之门无道桓、文事者，世儒祗讲伯学，求知阴谋，与圣人作经意相反。今勿论文成行事视伯者何若，其遣冀元亨为间谍，以知宸濠反状，安在其不尚阴谋也？及平田州，土酋欲诣军门降，窃议曰："王公素多诈，恐给我。"正使子路要之，将无盟而自至，何窃议之有？以知子路可以责人阴谋，文成犹不任是也。夫善学者，当取其至醇，弃其小漓，必若黄太冲之持门户，与东人之不稽史事者，唯欲为一先生卫，惧后人之苛责于文成者，甚乎畴昔之苛责于宋贤矣。中华民国十三年孟秋，余杭章炳麟。

　　——《王文成公全书题辞》

　　后序曰：文成之复古本大学，湛原明以为不噁，久渐舆之会。由今观之，非复章句文义之间也。昔徽公以亲民为新民，以格物为穷至事物之理，前则为专己，后则为外骛，诚行其术，则国政败，士行斁。顾徽公训说则然；自为学，乃自禅入，未尝庿万物，其在官，亦不欲改易百姓视听，其后为朱学者，亦未切切于是也。必比以洪水猛兽，斯为酷矣。

　　然自李光地以伪儒张朱学，辅其伪主。以天文历数相尚，曼衍以至今，学者浸重物理，而置身心不问，且有正心修身而不察乎物之理者，则谓之迷罔之人，谓之天之戮民，由是本末倒掷，以身为形役，率人类以与鳞介之族比，是则徽公穷至物理之说导其端也。本记称"财聚刵民散，财散则民聚，君子贤其贤而亲其亲，小人乐其乐而利其利"，斯所谓亲民。晚世纵弗能至，然犹顺人情因旧常以为政，盖未有云新民者。《康诰》称新民，以其渐去商纣之化，《大雅》称新命，以周始有王迹，本记引之以证君子日新其德，固不与所引者同旨。自清之末，诸然藉者始言新法，未几，有云新道德新文化者，专已自是，以拂民之旧贯，新法行二十余年，如削趾适履，民不称便，而政亦日紊，新道德新文化者，有使人淫纵败常而已矣，是则徽公新民之导尊其端也。原其始，不过失于文义，而妄者借以为柄，祸遂至此，则诚所谓洪水猛默者，文成力为之闲，不验于明，而验于今之世，诵其书者宜可以戒矣。中华民国十三年孟秋，余杭章炳麟。

——《王文成公全书后序》

【说明】 章太炎早期对阳明学说多持否定、批判态度，1906年撰《谴王学》一文专门批评王阳明。他认为阳明之学"浅薄"，其事功"无足羡"。晚年章太炎从事国学讲习运动，开始修正早年观点，转而肯定推崇王学，对阳明学的评判渐趋客观而全面。朱维铮《章太炎与王阳明》一文说认为，"章太炎不喜欢王阳明。由他青年时代所作的《訄书》，到他中年以后改成《检论》，都曾对王阳明及其学说，一再予以批评。批评的意见，前后颇有变化，但有一点却基本没变，那就是才能和学问应有区别，王阳明的学说不成体系，他的本领在于权谋，用来破坏现状和打击对手是可以的，用来治国便会引起大乱。……他的批评并不乏对某些具体历史问题的真知灼见，但总的看来却不合历史"。

《王文成公全书》之《题辞》与《后序》，可以作为章太炎对于阳明学认识的"晚年定论"代表性文献，曾发表于1924年《华国》月刊第2卷第1期。在《题辞》中，章太炎肯定了王阳明身上"抗志为学"的豪杰精神，是与子路的"体兼儒侠"、《儒行》所列的十五儒之精神一脉相承，认为"致良知"与"知行合一"学说为"子路之术转进者"。在《后序》中，章氏批判朱熹将《大学》中的"亲民"改为

"新民"，而肯定王阳明恢复《大学》古本"亲民"之功。

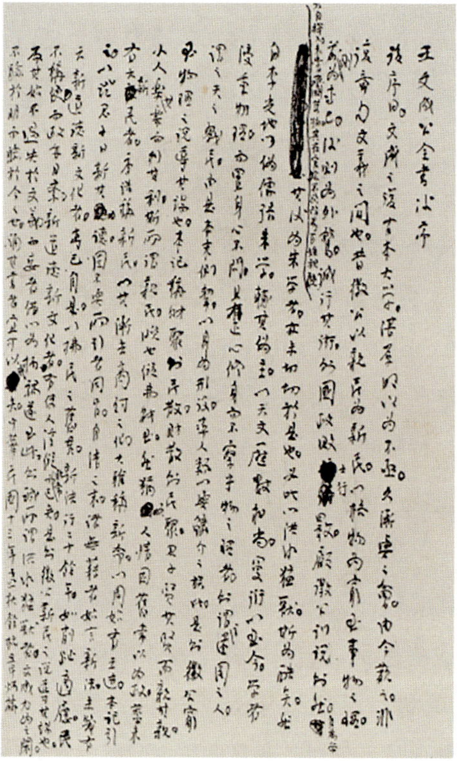

章太炎手书《王文成公全书后序》

黄宗羲

【人物简介】黄宗羲（1610 年—1695 年），字太冲，号南雷，学者称梨洲先生，浙江余姚人。其父黄尊素为著名东林党人，被魏忠贤杀害。十九岁时曾入京为父讼冤。后领导复社成员与宦官权贵斗争。清兵南下，他招募义兵，组织"世忠营"，被南明鲁王任为左副都御史。明亡后隐居著述，康熙时举博学鸿儒，荐修《明史》，皆不就。学问渊博，对天文、算术、乐律、经史百家以及释道之书，无不精研。著有《宋元学案》《明儒学案》《明夷待访录》《南雷文案》等。

黄宗羲像

【章氏评论】

衡阳者，民族主义之师；余姚者，立宪政体之师。观《明夷待访录》所持重人民、轻君主，固无可非议也；至其言有治法无治人者，无过欺世之谈，诚使专重法律，足以为治，既有典常，率履不越，如商君、武侯之政亦可矣；何以偏隆学校，使诸生得出位而干政治，因以夸世取荣？此则过任治人，不任治法，狐埋之而狐掘之，何其自语相违也？余姚少时，本东林、复社浮竞之徒，知为政之赖法制，而又不甘寂寞，欲弄技术以自焜耀。今之言立宪者，左持法规之明文，右操运动之秘术，正与余姚异世同奸矣。

——节选自《王夫之从祀与杨参度机要》（1908 年 7 月 10 日
《民报》第 22 号）

章炳麟曰：吾不征伯夷，不尚观于斟雉之史，从黄宗羲之言而观天下，曰：天子之于辅相，犹县令之于丞尉，非复高无等，如天下之不可以阶级升也。挽近五洲诸大国，或立民主，或崇宪政。则一人之尊，日以夺损，而境内日治。黄氏发之于二百年之前，而征信于二百年之后，圣夫！

——《訄书·冥契十四》

世乱则贤愚掍。黄宗羲学术计会，出顾炎武下远甚，守节不孙，以言亢宗，又弗如王夫之，然名与二君齐。其所以自旌式，散在《明儒学案》，陶诞而哗，非忮者莫之重。其言政在《明夷待访录》，靡辩才甚，虽不时用，犹足以偃却世人。

案其言有治法无治人者，文辩类韩非，搁若与孙卿相距，顾不自知其钼锘也。孙卿者，韩非之师。韩非任法，而孙卿亦故隆礼，礼与法则异名耳。独言有治人无治法者，此为抑扬之论。法者非生物，人皆比周，则法不自用。孙卿不以智能诡法，期守法于当官之吏，言有波陇，其意则是也。宗羲言似轨物，而始卒不能自持其论。何者？诚听于法，当官者犹人，必依规矱。藉令小有差跌，而弹治者谁也？害及齐民，民故走诉之；害未及齐民，则监刺史摘发之，以告选部御史台，而议其过。夫情态则已得矣。今欲使学校奸其事，学校诸生非吏也，所习不尽刑名比详。虽习之，犹未从政，辍业不修，以奸当途之善败，则士侵官而吏失守。士所欲恶，不尽当官成，又不与齐民同志。上不关督责之吏，下不遍同列之民，独令诸生横与政事，恃夸者私见，以议废置，此朋党所以长。盖昔郑公孙侨不毁乡校者，期其私议横舍之中，以风闻者而理察之，不期其公议于廷。侨虽不毁，当是时校士好议，忘其肄业，不嗣管弦之音，而佻达于城阙，犹《诗》人所诮也。

季明之士好权，憙自植其魁，私门之务，挠滑黑白，下倚诸生，以为藩援。故其所谓恶者非恶，而所言之匙，不免于非。观宗羲之论人，好恶跌宕亦甚矣。又欲以是施于后王，斯乃听于乱人，非听于治法也。诚听法者，督责在中朝，而清问收司遍氓庶，曾以一校私言为剂哉！又诸登用吏士，循法者不尚贤，不尚贤者，选举视技能，而迁陟视伐阅年劳。贤不可知，虚论才调度量器宇之属，无为也。技能校乎学官，年劳伐阅省乎计簿，细大不越，以为选格之中，此所谓弃前识，绝非誉。汉世选曹以近臣斡公卿，又无算课之则，诚不可用。今之吏部，其官贵矣，其考课又有法矣，犹不周，则当关于他部，使人与政不相阂。非谓废伐阅之簿，弃年劳之算也。韩非有言："人臣安乎以能受职，而苦乎以一负二，故明主除人臣之所苦。"（《用人篇》）"使鸡司夜，令狸执鼠；皆用其能，上乃无事。"（《扬榷》篇）挽世所以为流别者三：法吏、军将、政长，不相奸也。斯而析之，技巧之官，师儒之位，悉宜与政长分。刘劭为《人物志》，盖分流极于一十二官。亦有郡县循吏绌于公辅，公侯爪牙短于方面，宜令当格者，相互推择。见择则迁，不见择则疏爵赐金，复任其故，终不违格而诬授之矣。若夫管仲、商鞅、诸葛亮、王猛之举也，或起囚虏，或在宾旅佚民，事不历试，然立之本朝诸臣之上，此宁前期而之耶？四举虽得，效以踏事者固众。故得管、商、葛、王者无几，而获子之、董贤者连踵，其不为常道，皭然也。（资格用人之法，非行用贵族者所得借口。贵族亦非有历试之资也。）今宗羲深悬吏部，欲一朝去之，如拨虉。然吏部可去，其法固不可废。废吏部之法者，徒便流行而已矣。何谓流行？韩非有言："人主者，固壅其言谈，希听论议，易移以辩说；为人臣者，求诸侯之辩士，养国中之能说者，使之以语其私，为巧文之言，流行之辞，示之以利势，惧之以患害，施属虚辞，以坏其主。"（《八奸》篇）此恂帽之士所以日壅，而邦伽所以得志也。（《韩非·八奸》又有云："四方者，谓人臣虚其国以事大国，而用其威求诱其君。大国之所索，小国必听。"此则今日所有，黄宗羲时尚无是事，故不论。）吏部虽循循称功授官，不离竿牍，难以应猝，其选拔犹十得五。不听吏部则请谒行，请谒行而奸人进，此为主法乎？且主人乎？明制："分职于部，部失职则科纠之。"其法可循也。其后长官不亲校理，而听之文选司，吏科亦以掌印擅场。故选举陵迟者，释法之弊也。宗羲徒见吴昌时之伦，增损伐阅以便其私，因恶吏部如仇觙。迹昌时所以恣行者，朋党植私之失，非吏部选格之罪明矣。韩非曰："明主使法择人，不自举也；使法量功，不自度也。"（《有度》篇）曩者孝文知贾谊深，犹先试以小国傅相；绳美李广，而不命以将率。故曰形名之学，玄默之主。宗羲又尝欲置丞相，而歉于张居正。寻明太祖废丞相，其情奸也，其以从事则便。何者？士无兼材，情不能无偏轻重。六部之事，郎官辐凑而治之，犹有遗漏，况以一相总挈，欲不失无繇。古者政令朴略，郡国专断于外，九卿之府，文书希阔，故立丞相以引维纲可也。（如汉初，陈平不知一岁刑狱钱谷都数。乃至周勃、灌婴、申屠嘉、陶青之伦，以武夫勋族居相位，不忧不理。知丞相无事也。贾谊言大臣以簿书期会之间为大故，当时诸相实无其事。意者张苍近之。谊为张苍弟子，必不自非其师。殆以孝文本好形名之言，不欲明刺，故归过于大臣耳。汉初，丞相亦已可废，其不废者，以九卿秩二千石，未为甚贵，故虚置丞相以监之也。）挽世法令一统，科条日密，虽萧何、诸葛亮任是，犹患不给，况其稍易简者？（如唐时名相虽多，然其所善，无过一部之事。然则分部已足，何用虚设令仆、平章为耶？）且夫国之初建，规摹未定，主一相者，所以持经纬。平世，文牒相属也，匡箧相稽也，百工相交也，器长相别也，相无百能，而亦不可和齐。藉令相府复置六曹，领录其事，则是以六官之重，决策于少吏也。不置六曹，以一相制之，其所废失又多。因六官成议而可其奏乎？则是犹附赘县疣也。总大政，定方略，六部以官联平议，尽其短长，奚待于大录？（或言奉职循理，不能有余于法之外。此则不然，孙叔敖、郑子产、召信臣、黄霸皆在《循吏传》，岂徒识刀笔而已。因时变法，亦具有之矣。若夫分部之官，汉世如耿寿昌之为司农，赵过之为搜粟都尉，兴作甚多，而不得不称循吏也。）

夫单则精专，兼则疏失，诚已委政六部，分理其牍，交为其资，事以法断，而无上请，手诏中旨，皆不得出也。六官之会，因周置太史、天府，因汉立计相，以藏文书，此足以集事矣。丞相既立，六部承其风指，则职事挠；不承风指，事相瘭曳而不能辑。故立相则朋党至，朋党至者，乱法之阶。明自孝宗以上，内阁轻而政事理；武世以降，内阁益重，朋党益竞，其政慢于前世。张居正虽任综核，内则比刑余，外斳成法而去异己，其失侯度滋甚。诚欲任法，虽内阁当剟去之，况于置丞相？丞相者，赘余之官，内阁者，便嬖之别也。政不便，固当废。从便于政，犹曰听于人，不曰听于法矣。（宗羲又谓明废中书，故阉寺窃柄。夫宫刑本无人理，阉寺固可废耳。如犹不能，要令政归六部，中旨不行，阉寺安得干之？阉寺之横，由权未归六部，不在废中书也。《周礼》小宰掌建邦之宫刑。汉、魏以降，亦以御史中丞统治宫禁。假令专设中丞，黜陟诛赏，行乎阉寺，亦何能恣行乎？或言后汉尝无丞相，而阉寺专管政柄，复以外戚贵臣为名。然此直由推戴功耳。若素定立嗣之法，掌在三司之府，虽欲推戴无由。明制：外戚不得豫政，母后不得隶朝，其患犹轻于汉。诚令七卿当国，政无旁出，阉寺之祸自消，不在设相以防之也。）尝试论之：宗羲本以党人之末流，夸言议法，借名司契，阴愁心于英雄。英雄之为言，与鬼神等，世有其名，本无其实也。知鬼神之妄，而不悟英雄之虚，故其议自陷者众。庄生有言："终身道人，终身谀人，合譬饰辞聚众也。是终始本末不相坐，垂衣裳，设采色，动容貌，而不自谓道谀，与夫人之为徒，通是非，而不自谓众人，愚之至也！"（《天地》篇）

近世言新政者，其本皆附丽宗羲，斯犹瞽师之道苍赤已。凡政恶武断，武断与非武断者，则听法、尚贤为之分。诚听法，虽专任与武断奚比？诚尚贤，虽任众与武断奚分？远西之为政者，分争辩讼，不以非法黜民命；隶官行政，不以非法免吏职。其言听法近之也。及其谁差一相，而左右柄国者，惟相所好恶处之。举总统者又踊是，大政革选，下及茸骑驵伍，亡不易位，斯非尚贤之弊耶？且众选者，诚民之同志哉？驰辩驾说以彰其名，又为之树旗表，使负版贩夫皆劝誉己，民愚无知，则以为诚贤。贤否之实，不定于民萌而操于小己，此犹出之内府，取之外府。求良田大宅者，持人短长，而辞苟夺之名。使人署券以效其地也。既选，又树其同己者，以为陪贰，不考功实，不课疲能，而一于朋党。下者乃持大赂名琛，田之租赋，市之币余，适妻荐席，外妇奉匦，以求得当。议官司直，交视而莫敢议其后，非武断则何事乎为？说者曰："以不尚贤，故妄举不为负，用私不为阿。"应之曰："不尚贤者，谓远前识而贵参验，执前之有以期后之效也。"是故其术尽于课功，藉不课功，刻竹为筹，令探者自得大官，犹愈于比周宾正，以得尊势便位者矣。以刻竹为不可，则众选者愈不立，则何也？事有前效，虽一人犹知之；事无前效，虽众人不豫知也。故萧何任淮阴侯也，得于独断；诸葛亮任马谡也，以独断失之。唐尧用虞舜也，得于众举；其用伯鲧也，以众举负之。故释技艺、便习功、比积素而尚贤者，任己、任众，其于眩乱，均也。

中国政度虽阔疏，考课有官，除授有法，超于尚贤党建者犹远。诚欲任法，由此简练其精，淘汰其粗而足。然而犹有滥者，政专于主，人主见采，则下释法而从所好；政委于民，人民靡风，则吏去实而修其声。故韩非曰："去喜去恶，虚心以为道舍，参之以比物，伍之以合虚，根干不革，则动泄不失矣！"（《扬榷》篇）章炳麟曰：举世皆言法治，员舆之上，列国十数，未有诚以法治者也。宗义之言，远西之术，号为任法，适以人智乱其步骤。其足以欺愚人，而不足称于名家之前，明矣！

—— 《非黄》（《学林》1911 年第 2 期）

【说明】清末民初，黄宗羲的思想被时人视为与近代西方民主理论若合符契，因此备受推崇。章太炎一度是黄宗羲的崇拜者，在戊戌变法期间曾高度赞扬过《明夷待访录》，并据此推崇黄宗羲，将其列入唐宋以来可以"数逾千祀"而道术不绝的七大古人之一。但在《非黄》一文中，章太炎中又对黄宗羲进行了彻底否定。这种自相矛盾的评价，恰恰反映了 20 世纪初的学者更多以政治目的作为评价学术的标准，因此会出现偏颇与失实。但是，章太炎对黄宗羲的评价对后继学者产生了极大的影响。

顾炎武

【人物简介】顾炎武（1613 年—1682 年），初名绛，字宁人，曾自署蒋山佣，江苏昆山亭林镇人。学者称亭林先生。明诸生。少时参加"复社"反宦官权贵斗争。清兵陷南京，参加昆山、嘉定一带的抗清活动。失败后离乡北游，遍历关塞，致力于边防和西北地理的研究。康熙时举博学鸿儒，荐修《明史》，均不就。晚年卜居陕西华阴。学问渊博，对国家典制、郡邑掌故、天文仪象、河漕、兵农以及经史百家、音韵训诂之学均有研究。著有《日知录》《肇域志》《亭林诗文集》等。

顾炎武像

【章氏评论】

亭林先生四十五岁往山东，七十岁殁于山西曲沃，中间游历北方诸部。岁无三月之淹，而所至未尝匮乏，世多谓其垦田致富。近闻山西人言："亭林尝得李自成窖金，因设票号，属傅青主主之。始明时票号规则不善，亭林与青主更立新制，天下信从，以是饶于财用。清一代票号制度，皆亭林、青主所创也。"

按，先生五十三岁始置田地屋宇于章丘之大桑家庄；五十四岁出雁门关，与李天生等二十余人鸠赀垦荒于雁门之北，观其每岁出游，辄返山东。至六十一岁，尚有《刈禾长白山下》诗，是章丘之田为其本业，雁门则以畏寒付人治之。其时当事尚遣人到南方求造水车、水碾、水磨者，则农事实未善也。窃意垦荒屯事，非旦夕可以致富。雁门寒瘠，先生又不亲督课，其经画固有不周者。先生亦自言北方畜牧之获饶于耕耨，使我有泽中千牛羊，则江南不足怀。是垦荒难效可知也。

全绍衣为神道表，称先生负用世之略，不得一遂。而所至每小试之，垦田度地，累致千金。夫其能致千金者，必其本数倍于千金。按熟田常率，岁息视本，无过百分之七八。章丘之田，本以土人谢长吉等负先生赀，以田为偿，此熟田也。假令岁息得二百金，则其田几值三千金矣。垦荒之利，过于熟田。雁门之垦，以贷赀兴之。其时赴官领荒，所费或少。然披草莱，立室庐，其费亦不可纪。假令三年而熟，岁息得二百金，其本亦在千金以上。自非素饶于财，又孰肯以重赀贷者？若章丘、雁门二处，得田甚少，计本甚薄，则亦无累致千金之理也。然则发金置号之说，似非无因。按先生五十一岁至太原，始与青主相识。章丘、雁门营田之事，乃在其后二三岁，则或发金在前，后乃以余赀兴农耳。至其行迹所到，舆马辎重焜耀道上，而终无寇盗之害。世传先生始创会党规模，盖亦实事。全绍衣请先生遍观四方，其心耿耿未下，是则先生外以儒名，内有朱家、剧孟之行，非多财亦不能然也。

——《书顾亭林轶事》（《华国月刊》1924 年第 1 卷第 6 期）

【说明】顾炎武对章太炎的一生产生了非常大的影响。章太炎奉顾炎武为学术偶像，其原因除了顾氏辉煌的学术成就之外，还有其高洁的品德。他因倾慕顾炎武（本名绛）的为人行事而改名为绛，因敬仰黄宗羲（号太冲）、顾炎武，而署号"太炎"，并终生主张用顾炎武的"行己有耻"来倡导革命道德。

王夫之

【人物简介】王夫之（1619 年—1692 年），字而农，号薑斋，又号船山，湖南衡阳人。明崇祯举人。清军南下，曾举兵起义，战败去桂林，任南明桂王政权行人司行人。桂林复陷后隐遁。辗转湘西以及郴、永、涟、邵间，晚年归衡阳，于石船山筑土室，刻苦研究，勤奋著述垂四十年。学识渊博，思想深刻，对天文、地理、数学、历法等均有研究，尤精于经学、史学、文学。著有《船山遗书》。

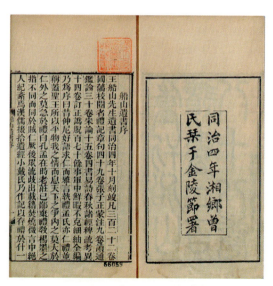

《船山遗书》曾氏金陵刊刻本

【章氏评论】

季明之遗老，惟王而农为最清。宁人居华阴，以关中为天府，其险可守。虽著书，不忘兵革之事。其志不就，则推迹百王之制，以待后圣，其材高矣！征辟虽不行，群盗为之动容。使虏得假借其名，以诳耀天下。欲为至高，孰与船山榛莽之地，与群胡隔绝者？要有规画，则不得不处都市。王之与顾，未有以相轩轾也。黄太冲以《明夷待访》为名，陈义虽高，将俟虏之下问。昔文天祥言以黄冠备顾问，世多疑其语为诬。端居而思，此不亦远乎？以死拒征，而令其子从事于徐叶间，谅曰明臣不可以贰，子未仕明，则无害于为虏者。以《黄书》种族之义正之，则嗒焉自丧矣！

——节选自《衡三老》（初刊于 1906 年 11 月《民报》，收入《太炎文录初编》时汇为《说林》）

衡阳者，民族主义之师；余姚者，立宪政体之师。……衡阳所著，则有《黄书》《噩梦》，其尊汉族而拒羯夷，成文具在，斯正虏所深慧，当痛心蹙额以攻之者也。今于衡阳反无一言，岂彼满洲贵胄者，未睹衡阳之书耶？抑自知东胡秽貉，荐食神州，罪在不赦，故不敢公吐盗言以憎主人也？若是，则彼满洲人者，亦以汉人排满为当然耶？

——节选自《王夫之从祀与杨度参机要》（1908 年 7 月 10 日《民报》第 22 号）

明末三大儒，曰顾宁人、黄太冲、王而农，皆以遗献自树其学。宁人书自初刻已被删改，近世真本始见于世。太冲议论不甚系民族废兴。当清之季，卓然能兴起顽懦，以成光复之绩者，独赖而农一家言而已矣。而农与宁人所见无大出入，与太冲乃绝相反。太冲喜树朋党，欲以学校干政，而农顾深嫉之。当明季东林垒起，其间不少志行之士，然拥化贞、抑廷弼，使辽东折衄，胡清得以肆其毒者，实东林诸贤为之。而农之论虽少激，足以救太冲之弊者多矣。其书自邓氏、曾氏两次雕板，悉非足本。近张氏秉文，缩印者再，补苴缺遗，得七十种；若《相宗络索》之属，虽不关王氏根柢，亦以见其所苞者大也。乌乎！以曾氏壹志为胡清效死，晚犹刻而农书以悔过，其言之感人岂有量耶？世之诵其书者，毋狃于曾氏前事可也。章炳麟。

——《重刊船山遗书序》（1935 年）

【说明】 在 19 世纪末 20 世纪初的"排满"革命中，王夫之的思想发挥了奇特的作用。章太炎对清代学术文化有过深入研究，对王夫之评价极高："船山学术，为汉族光复之原，近代倡义诸公，皆闻风而起者，水原木本，端在于斯。"（《章太炎年谱长编》，中华书局1979 年版，第 757 页。）在他主编《民报》期间，以"说林"为总题发表了一系列学术短评，其中《衡三老》中的"三老"，即指晚明的三位遗老——黄宗羲、顾炎武、王夫之。三人都是学养深厚的学者，参加过南明政权，且拒绝同清朝合作。但章太炎认为三人的反清气节实不相同：黄主妥协，顾有求名嫌疑，王最坚定。学者们对待清朝统治者的态度，也是章太炎作为检验他们优劣和影响的标准之一。

曾国藩

【人物简介】曾国藩（1811年—1872年），字伯涵，号涤生，湖南湘乡人。晚清洋务派领袖，湘军创始人。清道光十八年（1838年）进士，官任兵部尚书、两江总督、直隶总督、武英殿大学士等职，封一等毅勇侯。曾领军镇压太平天国运动，挽救清廷统治。卒赠太傅，谥文正。

曾国藩像

【章氏评论】

昔曾国藩身为汉奸，狝薙同种，而衡阳遗书数十种，素未现世，实国藩为之刊行，湘人父老相传，以为国藩悔过之举也。然则尊祀衡阳，默无非议者，其亦满人悔过之举耶？

——节选自《王夫之从祀与杨度参机要》（1908 年 7 月 10 日《民报》第 22 号）

满洲既与汉人殊种，曾国藩者，渴于富贵，以造鸱枭破镜之逆谋；既狃大庥，始效泰西船械以自封。

——节选自《訄书·无言》

曾国藩者，誉之则为"圣相"，谳之则为"元凶"。要其天资，亟功名善变人也。始在翰林，艳举声律书法，以欺诸弟。稍游诸公名卿间，而慕声誉，沾沾以文辞蔽道真。金陵之举，功成于历试，亦有群率张其羽翮，非深根宁极，举而措之为事业也。所志不过封彻侯，图紫光。既振旅，未尝建言持国家安危，诚笃于清室之宗稷者邪？方诸唐世王铎、郑畋之伦……死三十年，其孙广钧曰："吾祖民贼。"悲夫！虽孝子慈孙，百世不能改也。

——节选自《訄书重订本·杂志第六十》

客曰：孝文、光武，运而不复来。孟德、德舆二公，性至暴抗，而能节以制度，法以饬官，郑声佞人不敢升其朝。其内之自相争阋者，独恃兵符，未尝以金帛取之。猜阻诚深，犹皆简之于心，而不由媚者间构。其所周防，不过数人，未尝令天下熬然。故能远截蹴顿，近夷羌虏，功被于生民。意者前史其有溢辞？不然，何昔人之能专制，而末世衄缩受牵若是也？

章炳麟曰：何必汉、魏、大宋之主？湘中诸雄，皆少时所逮知；张之洞、刘坤一者，又壮所逮见也。此其事在耳目，必不惑于增饰，明矣。湘军之夷洪氏，名言非正也。洪氏以夏人挞建夷，不修德政，而暴戮是闻，又横张神教，以轶干之。曾国藩、左宗棠之起，其始不过卫保乡邑，非敢赞清也。当是时，骆秉章、向荣独知名义。秉章与洪王同县，与有私约；洪王亦旋弃湖南不攻。向荣自上游追蹑，屯营辄相距八、九十里，仍破三都，相随以逮孝陵，交和而舍，相持数年，未尝苦战。荣与洪王，时时以鞍几对坐，握手道平生事状，则羊祜、陆抗不过也。湘人虽蔑易秉章，又甚恶向荣为人，卒不能干正义。故其檄书不称讨叛，独以异教惩礼数之。洪氏已燹，不乘方伯四岳之威，以除屠虏，而流大汉之岂弟，是以没世不免恶名。（案：清显帝奕詝……其人不死，曾、左未必能有功成，亦不能有终始也。所以不变者，幸直女主仁柔，奕䜣谦让耳。）

　　然其行事，犹足以惬人心者，盖亦多矣。清以枉桡吏失民，洪氏申讨，而西邻致谪。江南既定，邻之责言未平也。曾、左知失民不可与共危难，又自以拔起田舍，始出治戎，即数为长吏牵掣，是以所至延进耆秀，与共地治，而杀官司之威。民之得伸，自曾、左始也。平生陿迫，喜修小怨。既得志，始慕修名，渐忍性为大度，赏劳举功，未尝先姻私。位至将相，功名已盛，而国藩家人络纬堂居，不改先畴题署；（国藩本老农，家有"黄金堂""白玉堂"，皆其先人名之。语至鄙拙，而国藩不改。）宗棠身死无羡财，终身衣不过大紬，食不过一肉，时时与人围棋宴游，或具酒肴，杂以茶茗，言谈时及载籍文辞，恢嘲间之，其山泽之仪不替也。故其下吏化之，不至于奸。初政十年，吏道为清矣。且夫洪、杨之起，延遍州国十五年，而后殄之，其徒众殆满天下也。游侠刺客，欲为故主复仇者，犹散处于江表，而国藩终不畏怖，出入渚陆，驺卒未尝填咽，亦不为廉诃讦察事也。张文祥既杀马新贻，百吏伥儴，往往疑为洪氏义故，欲因辞伏而钩致之；国藩独恬恬若无事者，鞫不威刑，辞不旁牵，民卒以靖。左宗棠初举浙江，数厌卫从，时独行诣书肆间，问其名籍，主人或以一饭延客，饱而舒纸为作榜题，书成以退，主人始知其姓名。讫拔新疆，归京邑，举止无衰。晚岁憪耄，喜举平生战事以燿属吏；自以功高，不亲庶务，其子姓或为人求官；此乃楚狂所谓风德之衰耳。

次及郭嵩焘、杨昌濬之徒，咸能领录大体，不肃而治。昌濬尝校阅戎士，士或举铳对击其面，不中，诃以狂易，行杖遣之。而彭玉麟尤骨髓，治军至严，数从民间问官长淑慝、人民疾苦，篓笠不借；出入巷陌，未尝儆戒也；频江至今，传其德声。

夫此诸将帅者，倨让不同，宽猛亦从其性也，而皆体任自然，不好苛礼，不扰四民，不徇污吏，不畏强死。群校所推，以曾、左为其主，虽上未齿王导、谢安之流，诚令监视一国，辅以知远而轨以法程，亦可以垂统矣。

清之末世，诸宿将重臣皆已物故，朝政日纷。刘坤一以湘军余子镇两江，而张之洞以文儒历两广、江、湖间，皆十余岁。此二子者，望实已不远曾、左甚远，散芥蒂之嫌，杜谗间之口，诚未能也，然亦不肯偏为局迫。坤一性木彊，晚岁多姬御嗜好，吏治渐污，犹有节制，不蔑于昌披。以能持重，无赫赫名，国有大事，常倚坤一为藩援。之洞有清节，而性好兴作，其下亦莫敢因事以致大羡。初通京汉，及治陆军，遣游学，皆自之洞发之。微以听采白望，用财不节为过。当是时，外患不戢，朝野日讧，钩党之令岁下，皆虚与酬醋，而不大声谁何。江湖之间，亦卒无以比首拟张、刘者。方其在位，世人恒视以为不足称述。比坤一死后之镇两江者，皆骞下坤一数等。之洞死二年，武昌兵起，诸吏寺解舍多被焚，独奉之洞画象者置之，然后知其遗泽深也。（武昌兵起时，不尽学生军官，其乡里豪杰皆在焉。

此本与之洞无私恩者也。）

昏乱之世，终不可得曾、左，有如张、刘者间之，不犹可以为小慭邪？然则前史所记，虑有虚美文致者矣。如曾、左、张、刘之事，吾之所称道者，百姓尚与知之，实效彰彰也。其行事曷尝不由专制？而能宛转上遂，未尝牵帷墙之制，畏仓卒之变，踽踽无处而示其威重也，荏染附敌而以为得计也。观其所以宽博窥见者，率性固然，亦其察于民岩，知邻敌之日逼，而不敢把持其民，使逖然解弛，而无与守。上视孝文，犹不失步趣也。且夫枭雄之所竞者，非争为馈赠割略之主，争为伯王也。争为伯王，孟德、德舆以是尊其名。如曾、左、张、刘者，上不敢为伯王，而下犹不欲为馈赠割略之主。此之易行，而犹几不可睹，则中夏之迹，殆乎熄矣。

——《检论·近思》

夫英雄者，内有识度，亦其所居时地就之。阻奥之壤，尊信之民，下不无文学，而上不能郁然。……曾、左之伦，起儒衣韦带间，驱乡里服耒之民，以破强敌。宗棠又能将率南旅，西封天山，置其叛迹，则上度皇甫规、嵩，下不失为王铎、郑畋。命以英雄，诚不虚。

——《检论·对二宋》

近来人才，值得我佩服如曾国藩、张之洞等，委实无人。曾之学问，得力于《文献通考》；张之学问，则在于《方舆纪要》。

——节选自《论浙江文学》（1922 年 12 月底）

【说明】章太炎评价曾国藩"誉之则为圣相，谳之则为元凶"一语广为流传。他在《訄书》和后来的《检论》中曾多次论及曾国藩，基本上持批评态度，然而在辛亥革命前后，其态度也有明显变化。辛亥革命以前，基于"革命排满"立场，章太炎认为曾国藩是镇压太平天国运动的元凶，为了个人功名利禄甘为清王朝的鹰犬，而置汉民族大义于不顾，同时对西方殖民者的侵略熟视无睹，无异于食母的恶鸟——"鸱鸮"。辛亥革命后，章太炎的思想有所转变，他称曾国藩、左宗棠等是有器识且善于把握时机的英雄，特别是对曾国藩刊刻《船山遗书》一事表示认可。

俞　樾

【人物简介】俞樾（1821 年—1907 年），字荫甫，号曲园，浙江德清人。清道光三十年（1850 年）进士，由庶吉士授编修。曾官河南学政，因事罢职，后侨居苏州，历主苏州紫阳书院、上海求志书院、杭州诂经精舍书院讲席三十余年。著述宏富，有《群经平义》《诸子平义》《古书疑义举例》等。所撰著作总名《春在堂全书》。

章太炎撰《俞先生传》手稿

【章氏评论】

俞先生，讳樾，字荫甫，浙江德清人也。清道光三十成进士，改庶吉士。既授编修，提督河南学政，革职。既免官，年三十八，始读高邮王氏书。自是说经依王氏律令。五岁，成《群经平议》，以劖

《述闻》，又规《杂志》作《诸子平议》，最后作《古书疑义举例》。治群经，不如《述闻》谛，诸子乃与《杂志》抗衡。及为《古书疑义举例》，轕察觑理，疏紾比昔，牙角才见，绌为科条，五寸之榘，极巧以珏，尽天下之方，视《经传释词》益恢郭矣！

先是浙江治朴学者，本之金鹗、沈涛，其他多凌杂汉、宋。邵懿辰起，益夸严。先生教于诂经精舍，学者乡方，始屯固不陵节。同县戴望，以丈人事先生，尝受学长洲陈奂，后依宋翔凤，引《公羊》致之《论语》。先生亦次何邵公《论语义》一卷。始先生废，初见翔凤，翔凤言《说文》"始一终亥"，即《归藏经》，先生不省。然治《春秋》颇右公羊氏，盖得之翔凤云。为学无常师，左右采获，深疾守家法违实录者。说经好改字，末年自救为《经说》十六卷，多与前异。章炳麟读《左氏·昭十七年传》："其居火也久矣，其与不然乎？"证以《论衡·变动篇》云："縿然之气见，宋、卫、陈、郑灾。"说曰："不然者，林然误，借林为縿。"先生曰："虽夋善，不可以训。"其审谛如此！治小学不摭商、周彝器，曰："欧阳修作《集古录》，金石始萌芽，摧略可采。其后多巫史诳豫为之，韩非所谓番吾之迹，华山之棋，可以辨形体，识通假者，至秦、汉碑铭则止。"雅性不好声色，既丧母、妻，终身不肴食，衣不过大布，进羞不过茗菜，遇人岂弟，卧起有节，气深深大董，形无苛姹，老而神志不衰，然不能忘名位。既博览典籍，下至稗官歌谣，以笔札泛爱人，其文辞瑕适并见，杂流亦时时至门下，此其所短也。

所著书，自《群经平议》《经说》而下，有《易说》《易穷通变化论》《周易互体征》《卦气直日考》《卦气续考》《书说》《生霸死霸考》《九族考》《诗说》《荀子诗说》《诗名物证古》《读韩诗外传》《士昏礼对席图》《礼记郑读考》《礼记异文笺》《郑康成驳正三礼考》《玉佩考》《左传古本分年考》《春秋岁星考》《七十二候考》《论语郑义考》《何邵公论语义》《续论语骈枝》《兒笘录》《读汉碑》。自《诸子平议》而下，有《读书余录》《读山海经》《读吴越春秋》《读越绝书》《孟子高氏学》《读文子》《读公孙龙子》《读鹖冠子》《读盐铁论》《读潜夫论》《读论衡》《读中论》《读抱朴子》《读文中子》《读楚辞》，如别录。其他笔语甚众，然非其至也。年八十六，清光绪三十三年卒。

赞曰：浙江朴学晚至，则四明、金华之术荑之，昌自先生。宾附者，有黄以周、孙诒让。是时先汉师说，已陵夷矣，浙犹觳张，不弛愈缮。不逮一世，新学蝡生，灭我圣文，縶而不蝉，非一隅之忧也！

——《俞先生传》（1908 年）

【说明】俞樾主持杭州诂经精舍多年，弟子遍布江浙，诸如章太炎、缪荃孙、吴昌硕、谭献、宋恕等均为其门生。作为俞樾的弟子，章太炎从 22 岁到 29 岁在诂经精舍度过了青年岁月，深得乾嘉汉学的真传。后章太炎因投身革命，被俞樾革出师门；章太炎亦作《谢本师》表明立场，宣称断绝师生关系。1907 年，俞樾去世，哀悼之余，章太炎在《国粹学报》上发表此篇《俞先生传》，高度评价俞樾的学术与人品，而对断绝师生关系一事亦有悔意。在给孙诒让的信中他说："今见夏报，知俞先生不禄。向以慈愚，几削门籍，行藏道隔，无山筑场，悬斯心丧，师在天之灵知我耳。"

黄以周

【人物简介】黄以周（1828年—1899年），原名元同，后改作字，又字经纂，号儆季，晚号哉生，浙江定海（今舟山）人。其父黄式三是晚清经学大师。清同治九年（1870）举人。初任浙江分水训导，光绪间主讲江苏南菁书院，长达十五年。晚年选处州教授，以特荐授内阁中书。为学不拘汉宋，遍治群经，尤其精通三礼。著有《礼书文》《子思子辑解》《经训比义》《古文世本》《黄帝内经集注》《儆季杂著》等。

【章氏评论】

黄先生，名以周，字元同，浙江定海人也。父式三，号儆居，先生治经为浙东通儒。先生少承父业，以传经明道自任，言著书当质鬼神，俟后圣。年十九，为《十翼后录》，非其至也。清同治九年，中式浙江乡试，明年会试，选誊录期满，当得知县，不就。又十年，大挑以教职用，先后署遂昌、海盐、於潜训导，选补分水训导。先生性顾至，事亲至孝，非礼不动。为学不拘牵汉、宋门户，《诗》《书》《春秋》，皆条贯大义，说《易》，综举辞变象占，不偏主郑、王。尤邃三礼，自孙炎《类礼》以来，学者区别科条旧矣。清世得大体者，有惠士奇《礼说》、金榜《礼笺》、金鹗《求古录》、陈立《白虎通义疏证》，然弗能条件分别，《礼说》尤散杂无部曲。凌廷堪《礼经释例》比考周密，又局于《士礼》一端。先生为《礼书通故》百卷，列五十目，囊括大典，揉此众甫，本支敕备，无龙不班，盖与杜氏《通典》比隆，其校雠异义过之，诸先儒不决之义，尽明之矣。尝又辑《军礼司马法》二卷，而论田制，取北朝均田为准。校定周尺，谓当今八寸一分，不如是，车不足容三人。均田制，盖先生所欲施行。要其根极，以治礼为主。尝曰："挽汉、宋之末流者，其惟礼学耶？文章非礼则淫哇，政事非礼则杂霸，义理非礼则虚无；礼学废，故国乱而民荡。"初宋世四明之学，杂采朱、陆。及近世万斯同、全祖望学始端实，至先生益醇，躬法吕、朱，亦不委蛇也。尤不熹陆、王，以执一端为贼道。平生不为流俗文辞，诸华士皆谓先生不文，先生亦自退然。其说经，陈事象物闳肃，超出钱大昕、阮元诸儒上远甚。

时宁波知府宗源瀚有循吏声，独严事先生，就辨志精舍属主焉。尝欲效邹、鲁习礼，性解营造，画古宫室为图，命匠将裁矣，源瀚行视，良久曰："至矣！所谓发育万物，骏极于天者也。顾皇代衣帽，惧不可以行周礼！"先生乃罢。久之，提督江苏学政黄体芳就南菁书院，延先生讲，主书院十五年，江南诸高材皆出其门。中间尝并建他师，憙发策干进者多归之，而事朴学者，专宗先生。弟子慈溪冯一梅、林颐山、丹徒陈庆年、元和曹元弼为得其传。通王兆芳尤亲，早死。先生之作，莫大乎《礼书通故》，其余有《子思子辑解》《经训比义》《古文世本》《黄帝内经集注》及《儆季杂著》五种，皆卓然可传世。晚选处州教授，以特荐授内阁中书，年七十二。清光绪二十五年十月卒。子家岱、家骛世其学。

赞曰：余少时从本师德清俞君游，亦数谒先生。先师任自然，而先生严，重经术，亦各从其性也。清世大人称程、朱者，多曲学结主知，士民弗䝴，则专重汉师，抑洛、闽。其贤者诚弘毅，知质文之变，而末流依以游声技，愈小苟，违道益远，夷为食客而不知耻。先生博文约礼，躬行君子，独泊然如不与世俗成亏者。林颐山颂之曰："履贤体圣，怀衺精纯，绍闻衣言，董振汉学。"呜虖至矣！

———《黄先生传》（1913 年）

孙诒让

【人物简介】孙诒让（1848 年—1908 年），字仲容，号籀庼，浙江瑞安人。清末著名的经学家、古文字学家。清同治六年（1867 年）乡试中举。光绪前期报捐刑部主事，签分后不久就称病归乡，专心著述。晚年有感于民智闭塞，国势衰微，致力于地方教育事业。著有《周礼正义》《墨子间诂》《古籀拾遗》等。

【章氏评论】

孙诒让，字仲容，浙江瑞安人也。父衣言，太仆卿，性骨鲠，治永嘉之学。而诒让好六艺古文，父讽之曰：孺子徒自苦，经师如戴圣、马融，不阻群盗为奸劫，则贼善人，宁治史志，足以经世致远。诒让曰：以人废言不可，且先汉诸黎献，风义蠲然，经训之以徒举一二人僻邪者，史官如沈约、许敬宗可尽师耶？父乃授《周官经》。其后为《正义》，自此始。

年二十，中式丁卯科乡试，授例得主事，从父宦于江宁。是时德清戴望、海宁唐仁寿、仪征刘寿曾皆治朴学，诒让与游，学益进。以为典莫备于六官，故疏《周礼》；行莫贤于墨翟，故次《墨子间诂》，文莫正于宗彝，故作《古籀拾遗》。其他有《名原》《古籀余论》《契文举例》《九旗古义述》《周书斠补》《尚书骈枝》，《大戴礼记斠补》《六历甄微》《广韵姓氏刊误》《经迻》《札迻》《述林》。又述方志为《永嘉郡记》。初，贾公彦《周礼疏》，多隐略，世儒多往往傅以今文师说，而拘牵后郑义者，皆仇王肃，又糅杂齐、鲁间学。诒让一切依古文弹正。郊社禘祫则从郑，庙制昏期则从王，益宣究子春、少赣、仲师之学，发正郑、贾凡百余事，古今言《周礼》者，莫能先也。墨子书多古字古言，《经》上、下尤难读，《备城门》以下诸篇，非审曲勿能治。始南海邹伯奇比次重差，旁要诸术，转相发明，文义犹诘诎不驯。诒让集众说，下以己意，神悟迥明，文可讽诵。自墨学废二千岁，儒术孤行，至是较著。诒让行亦大类墨氏。家居任丘，所至兴学，与长吏槽柱，虽众怨弗恤也。自段玉裁明《说文》，其后小学益密，然说解犹有难理者。又经典相承诸文字，少半缺略，材者欲以金石款识补苴。程瑶田、阮元、钱坫往往考奇字，征阙文，不审形声，无以下笔。龚自珍治金文，盖缪体滋多于是矣。诒让初辨彝器情伪。摈北宋人所假名者，即部居形声不可知，辄置之，即可知，审其刻画，不跌毫氂，然后傅之六书。所定文字，皆隐括就绳墨，古文由是大明。

其《名原》未显于世。《札迻》者，方物王念孙《读书杂志》，每下一义，妥辑宁极，淖人凑理。书少于《诸子平议》，校雠之勤，倍《诸子平议》。诒让学术，盖龙有金榜、钱大昕、段玉裁、王念孙四家。其明大义，钩深穷高过之。晚年尝主温州师范学校，充浙江教育会长。清廷征主礼学馆，不起。年六十一，光绪三十四年五月病中风卒。

赞曰：叔世士大夫，狃于外学，才得魄莫，视朴学若土梗。诒让治六艺，旁理墨氏，其精媾足以摩撤姬、汉，三百年绝等双矣！遭时不淑，用晦而明，若日将暮，则五色柳谷愈章。而学不能传弟子，勉为乡里起横舍，顾以裂余见称于世。悲夫！

——《孙诒让传》（1908 年）

章太炎撰《孙诒让传》手稿

炳麟始交平阳宋恕平子，平子者，与瑞安孙先生为姻，因是通于先生。当是时，吴越间学者，有先师德清俞君及定海黄以周元同与先生三，皆治朴学，承休宁戴氏之术，为白衣宗。先生名最隐，言故训，审慎过二师。著《周礼正义》《墨子间诂》《古籀拾遗》《经迻》《札迻》，如目录。而平子疏通知远，学兼内外，治释典喜《宝积经》。炳麟少治经，交平子，始知佛藏。平子麻衣垢面，五六月着绵鞯，疾趣世之士如仇雠。外恭谨，恂恂如鄙人。夸者多举平子为笑，平子无愠色。及与人言学术，刚棱四注，谈者皆披靡。炳麟以先生学术问平子，平子勿深喜，然不能非间也。

会南海康有为作《新学伪经考》，诋古文为刘歆伪书。炳麟素治《左氏春秋》，闻先生治《周官》，皆刘氏学，驳《伪经考》数十事，未就，请于先生。先生曰："是当哗世三数年，荀卿有言：'狂生者不胥时而落。'安用辩难？其以自熏劳也。"顷之，康有为败，其学亦绝。然轻堕者多摭三统三世为名高，往往喜谶纬，诬典籍成事，外与

进化之说相应，不自知回遹，始疑六艺，卒班固、范晔所录，亦以为
罔。先生节族愈陵，不与世推移。炳麟著《訄书》未就，以其草稿问
于先生，方自拟仲长统。先生曰："《淮南鸿烈》之嗣也，何有于仲长
氏！"然炳麟始终未尝见先生颜色，欲道海抵温州，履先生门下，时
文网密，不可。平子以白先生。先生笑，且曰："吾虽无长德，中正
之官，取决于胆，犹胜诸荐绅怯愞畏事者。自有馆舍，可止宿也！"
其后倾侧扰攘埍猇之中，播迁江海间，久不得先生音问，平子亦荒忽
不可得踪迹。问浙中诸少年，曰：先生亦几及祸，然怀保善类自若，
学者介以为重。平子虽周谨，顾内挚深，与人言，辄云"皇帝圣明"，
今且用满洲文署其诗。炳麟素知平子性奇傀而畏祸，以此自盖，非有
媚胡及用世意。谈言微中，亦咢咢见锋刃。世无知平子者，遂令朱
张阳狂，示亲昵于裔夷，冀脱祸难，虽少戆，要之，世人负平子深
矣！其言内典，始治《宝积经》，最后乃壹意治《瑜伽》。炳麟自被
系，专修无著世亲之说，比出狱，世无应者。闻平子治《瑜伽》，
窃自喜，以为梵方之学，知微者莫如平子，视天台、华严诸家深
远。稽古立事，世无逾先生。《墨经》废千载，本隐之显，足以自
名其家。推迹古籀，眇合六书，不为穿凿，庄述祖、龚自珍不足当
牧圉。然文士多病先生破碎，抑求是者，固无章采，文理密察，足
以有别，宜与文士不相容受。世虽得王闿运等百辈，徒华辞破道，
于朴学无补益。定海黄君既前卒，属先师又不幸，姬汉典柯，不绝
如线，赖先生任持之。函雅故，通古今，冠带之民，千四百州县，
独有一介，而新学又不与先生次比，独倡无与，古先民之遗文，其
将坠地！令先生得上寿，庶有达者，继其遗绪，令民志无携贰，中
夏犹可兴也。

昨岁，炳麟次《新方言》三百七十事，上之先生，以为乐操土风，民不忘本，质之子云、稚让而不惑，百世以俟知言之选而无鉏铻，庶几国学可兴，种姓可复。先生视《新方言》以为精审，赐之《周礼正义》，且具疏古文奇字以告。八月发书，比今岁五月，始达江户，将以旬月抽读《正义》，且以书报先生，愿辅存微学，拥护民德，远不负德清师，近不负先生。呜呼！不浃辰乎，先生遂捐馆舍，焉知向日所以诏炳麟者，今遂为末命也！乃者先生不以炳麟寡昧，有所营救，自兹其绝！先生被炳麟书，自言作《名原》七篇，今亦不可得受读，国亡典刑，炳麟丧其师资；且闻平子亦蛰处，不与世耦，生死未可知。内之颉、籀、儒、墨之文，外之玄奘、义净之术，凑于一身，世道交丧，求良友且不得一二，学术既亡，华实蘦剥，而中国亦将殄绝矣。呜呼，哀哉！

辞曰：四维丧，国灭亡。颓栋梁，民安乡？生不遭尧与舜让，汤汤大海不可望，灵尚安留吟青黄。

——《瑞安孙先生伤辞》（1908年）

瑞安孙仲容先生，淹通今古，著纂闳博。其书已成者二十六种，未成者七种，别有题跋书牍之属，不在著纂者，不可胜纪。先生殁二十有余年，哲嗣孟晋次第爬梳，得其纲领，以为古之为学者，与年俱劭，不述其进德之途、著书之岁，则后人无以观法，因为纂次年谱八卷。凡先生所自序与其尺札笺记，皆尽录之，然后先生之学大明。

余按年谱之作，大较起于宋人。然太史作《孔子世家》，必以鲁公某年与孔子几何岁，相与排比，是即年谱之造端，他传未有也。何者？将相显人，有殊功盛名者，其行事必见于国史，按表纪以推其行事，其年即较然可知。儒者成学，大率不系于王事，则国史无可征，必推第其年，然后可晓。以孔子为学者宗，故举此以示例，后人之为年谱者，放于此矣。顾处朝列与政事，与夫身遭乱流颠沛失据者，其行事先后尚可考，虽岁阅百数，后人犹能追谱之，则朱子、顾宁人之伦是也。承平闲暇，托于无能之辞，若戴东原之徒，非及时为谱，后之人何自述哉？

先生之学，不后于宁人、东原，其散在筐篋者，非其子姓，又莫能理，排比之亟，有过于二公者矣。余昔时慕先生为学，颇与通书，而苦不能亲觌，又未尽见先生之书，得是谱始稍慊于志。若其学术之大，足以上通圣则，旁开物宜者，世人当尽知之。日月贞观，固非下士所宜赞也。民国二十二年十二月，章炳麟序。

——《孙仲容先生年谱序》（1933 年 12 月）

孟晋次其尊人仲容征君年谱，余为序之，既复出示其祖太仆君年谱十卷。太仆，晚清特立之儒也。遍历中外，数至监司，以持论侃直，为帅府所沮，置诸列卿散地而归，终已不得大行其志。谱中多述文学，于政事颇略，亦其势然也。孟晋生二岁而太仆殁，年十六复遭征君之丧。比入民国，故老凋谢，遗闻散失尽矣，犹能据其遗著以成斯编，亦可谓善继志述事者哉！谱称太仆尝论清儒汉宋门户之弊，以为永嘉经制，兼综厥长，足以通其区畛。及征君治《官》《礼》，欲以经术措诸时用，亦本其先人之训也。

宋世永嘉诸贤，与新安、金溪、金华并峙，其后三家皆有传人，讫元、明未替，而永嘉黯然不章。近世如亭林、桴亭及北方颜、李诸公，廓除高论，务以修己治人为的，盖往往与永嘉同风，顾弗能尽见其书。太仆父子生七百年后，独相继表章之，专著则有《永嘉丛书》

之刻，佚篇则有《永嘉集》之纂，括囊大义，辨秩源流，则拾南雷、谢山之遗，以成《永嘉学案》二十卷。最录凡目，则《温州经籍志》为一郡艺文渊海。自是郑、薛、陈、叶与先后作者之遗绪，斩而复续，乌呼，盛矣！

迩者太仆殇已四十年，征君殇亦二十余年，世变益亟，盖几与衰宋无异，夫拯之者则谁欤？然则孟晋阐明两世之业，以待人之兴起者，盖可少乎哉！盖可少乎哉？民国二十二年十二月，章炳麟序。

——《孙太仆年谱序》（1933 年 12 月）

【说明】孙诒让是晚清朴学大师，章太炎对其学问评价极高，誉为"三百年绝等双"，"晚清特立之儒"，"古今言《周礼》，莫能先也"。章太炎经常向孙诒让请教学问，并多有师承。孙诒让去世后，章太炎作挽联云："孟子之功，不在禹下；明德之后，必有达人。"并题跋联尾："此是昔人挽戴东原联语，世人无足当之，独足移挽仲容先生。"表达了对他的尊崇。

廖　平

【人物简介】廖平（1852 年—1932 年），原名登廷，字旭陵，继改廖平，字季平，四川井研（今乐山）人。光绪进士。早年入成都尊经书院，师事王闿运。后历任尊经、嘉定九峰、资州艺风、安岳凤山等书院教职。民国期间主持四川国学院，兼任四川高等师范学堂及华西大学教授。著作颇丰，初编为《四译馆经学丛书》，后增益为《六译馆丛书》。

廖平像

【章氏评论】

君讳平，井研廖氏，海内所知为廖季平先生者也。余始闻南海康有为作《新学伪经考》《孔子改制考》，议论多宗君，意君必牢持董、何义者。后稍得其书，颇不应。民国初，君以事入京师，与余对语者再，言甚平实，未尝及怪迂也。后其徒稍稍传君说，又绝与常论异。君之学凡六变，其后三变杂取梵书及医经形法诸家，往往出儒术外。其第三变最可观，以为《周礼》《王制》，大小异治。而康氏所受于君者，特其第二变也。

职方氏大表中国疆域，面相距为万里。君以清世版图，外及蒙古、伊犁，南北财距六千里，故推《周礼》以为治地球之书，岂未考古今尺度有异耶？语曰："圣人不考，时变是守。"自《周官》之行，逮春秋末，阅岁已五六百，中更霸制，朝章不能无变异，《春秋》所记地望，南不暨洞庭，西不及蜀，虽圣人恶能张大之？谓《春秋》无太平制，足以破董、何，其大小何足言？《王制》者，特后儒摭拾残缺所为，愈不可为典要，其言东不尽东海，地反陕于春秋，海隅尽弃，小亦不得矣，顾君或未之思也。君之言绝恢怪者，以六经皆孔子所作，虽文字亦孔子造之，与旧记尤相左。人亦不敢信。

初，君受学湘潭王翁，其后说渐异，王翁颇非之。清大学士南皮张之洞尤重君。及君以大统说《周礼》，之洞遗书，以为风疾马良，去道愈远。而有为之徒见君前后异论，谓君受之洞贿，著书自驳，此岂足以污君者哉？君学有根柢，于古近经说无不窥，非若康氏之剽窃者，应物端和，未尝有倨容，又非若康氏自拟玄圣居之不疑者也。顾其智虑过锐，流于谲奇，以是与朴学异趣。康氏无儒行，其后数传，言益乱俗，而君持论以教孝为立国根本。事母先意承志，如恐弗胜，乃不为末学狂猘者所借，亦可以知君雅素矣。

君著书一百二十一种，年八十二而卒，则民国二十一年六月也。

清时尝成进士，以知县用，改教职，受五品封。配李宜人。有丈夫子八，女子子五。其年九月，葬荣县陈家山之阳。逾二岁，其孙宗泽以状来，曰："先生持论与大父不同，无阿私之嫌，愿铭其幽。"余闻庄生有言，圣人之所以骇世，神人未尝过而问焉，次及贤人君子亦递如是。余学不敢方君子，君之言殆超神人过之矣，安能以片辞褒述哉？以君学不纯儒，而行依乎儒者，说经又兼古今，世人猥以君与康氏并论，故为辨其妄云。铭曰：

斯也燔经，不可以罪孙卿。虑也劫后，不可以诬高密之叟。廖君之言多扬诩，末流败俗君不与。

——《清故龙安府学教授廖君墓志铭》（《制言》1934 年第 1 期）

【说明】廖平是晚清今文经学派的重要人物，对康有为影响极大，而章太炎是古文经学的代表人物。因而对于廖平，章太炎虽对他的今文经学理论总体上持批评态度，但对其学术成果亦有肯定。《清故龙安府学教授廖君墓志铭》是他应廖平之孙廖宗泽之请所作，虽坚持古文经学立场，不回避学术分歧，但对廖平的评价还是比较公允的，对其人品尤有称颂。

康有为

【人物简介】康有为（1858 年—1927 年），原名祖诒，字广厦，号长素，又号西樵山人，广东南海（今佛山）人。清光绪十四年（1888 年），到北京参加顺天乡试，借机第一次上书光绪帝请求变法，受阻未上达。光绪十七年（1891 年）后在广州设立万木草堂，收徒讲学。光绪二十一年（1895 年）得知《马关条约》签订，联合一千三百多名举人上万言书，即"公车上书"。光绪二十四年（1898 年）开始进行戊戌变法，变法失败后逃往日本，自称持有皇帝的衣带诏，组织保皇会，鼓吹开明专制，反对革命。辛亥革命后，作为保皇党领袖，他反对共和制，一直谋划溥仪复位。民国六年（1917 年），张勋

康有为像

发动复辟，和康有为一起拥立溥仪登基，不久即在当时北洋政府总理段祺瑞的讨伐下宣告失败。1927 年病逝于青岛。

【章氏评论】

……长素以为革命之惨，流血成河，死人如麻，而其事卒不可就。然则立宪可不以兵刃得之耶？既知英、奥、德、意诸国，数经民变，始得自由议政之权。民变者，其徒以口舌变乎？抑将以长戟劲弩，飞丸发燧变也？近观日本，立宪之始，虽徒以口舌成之，而攘夷覆幕之师在其前矣。使前日无此血战，则后之立宪亦不能成。故知流血成河，死人如麻，为立宪所无可幸免者。长素亦知其无可幸免，于是迁就其说以自文，谓以君权变法，则欧、美之政术器艺，可数年而尽举之。夫如是，则固君权专制也，非立宪也。阔普通武之请立宪，天下尽笑其愚，岂有立宪而可上书奏请者？立宪可请，则革命亦可请乎？以一人之诏旨立宪，宪其所宪，非大地万国所谓宪也！

……长素以为中国今日之人心，公理未明，旧俗俱在，革命以后，必将日寻干戈，偷生不暇，何能变法救民，整顿内治？夫公理未明，旧俗俱在之民，不可革命，而独可立宪，此又何也？岂有立宪之世，一人独圣于上，而天下皆生番野蛮者哉？虽然，以此讥长素，则为反唇相稽，校轸无已。吾曰不可立宪，长素犹曰不可革命也。则应之曰："人心之智慧，自竞争而后发生，今日之民智，不必恃他事以开之，而但恃革命以开之。"且勿举华、拿二圣，而举明末之李自成。李自成者，迫于饥寒，揭竿而起，固无革命观念，尚非今日广西会党之侪也。然自声势稍增，而革命之念起；革命之念起；而剿兵救民、赈饥济困之事兴。岂李自成生而有是志哉？竞争既久，知此事之不可已也。虽然，在李自成之世，则赈饥济困为不可已，在今之世，则合众共和为不可已。是故以赈饥济困结人心者，事成之后，或为枭雄；以合众共和结人心者，事成之后，必为民主。民主之兴，实由时势迫之，而亦由竞争以生此智慧者也。征之今日，义和团初起时，惟言扶清灭洋，而景廷宾之师，则知墙清灭洋矣。今日广西会党，则知不必开衅于西人，而先以扑灭满洲、剿除官吏为能事矣。唐才常初起时，深信英人，密约漏情，乃卒为其所卖。今日广西会党，则知己为主体，而西人为客体矣。人心进化，孟晋不已。以名号言，以方略言，经一竞争，必有胜于前者。今之广西会党，其成败虽不可知，要之，继此而起者，必视广西会党为尤胜，可豫言也。然则公理之未明，即以革命明之；旧俗之俱在，即以革命去之。革命非天雄、大黄之猛剂，而实补泻兼备之良药矣！

……若长素能跃然祇悔，奋厉朝气，内量资望，外审时势，以长素魁垒耆硕之誉闻于禹域，而弟子亦多言革命者，少一转移，不失为素王玄圣。后王有作，宣昭国光，则长素之像，屹立于星雾；长素之书，尊藏于石室；长素之迹，葆覆于金塔；长素之器，配崇于铜柱；抑亦可以尉荐矣。借曰死权之念，过于殉名，少安无躁，以待新皇，虽长素已槁项黄馘，卓茂之尊荣，许靖之优养，犹可无操左契而获之。以视名实俱丧，为天下笑者，何如哉！

——节选自《驳康有为论革命书》（1903 年）

君误矣，皇帝人人可做，康有为如仅图为皇帝，尚不足为异，最荒谬者，则其人竟妄想欲为教主也。

北上金台望国氛，对山救我带犹存！夺门伟绩他年就，专制依然属爱新。

——《咏南海康氏》（1906 年 9 月 3 日）

【说明】章太炎和康有为在论政、论学和私人关系方面有着错综复杂的关系。两人在学术上始终存在分歧，章、康分属古文经学派和今文经学派两大阵营。但这种分歧已不仅仅是传统的门派之争，而是与政治立场的变化紧密相连。戊戌时由于共同的政治立场，这种分歧尚未有大的影响；此后随着政治上的分歧日大，二人的关系最终走向了不可弥合。章、康之争在晚清思想史上有举足轻重的地位，章太炎以公开信形式发表的政论文章《驳康有为论革命书》，是一篇反对保皇派的檄文，矛头直指康有为；但在私下通信中，二者的关系又有着鲜为人知的一面。

梁启超

【人物简介】梁启超（1873 年—1929 年），字卓如，号任公，别署饮冰室主人，广东新会人。1898 年戊戌变法前夕，曾和康有为联合各省举人上书请求变法，并领导北京、上海的强学会活动；旋又和黄遵宪等在上海创办《时务报》，著《变法通议》，主张"废科举，兴学校"，并不时发表民权之论。曾创办《清议报》《新民丛报》《新小说》等杂志。著有《饮冰室文集》。

梁启超像

【章氏评论】

与其诛数张之洞，不如诛一梁启超。张之洞虽愚，不足以害学界。梁启超虽无学问，直足以惑群盲。

——节选自《民报》（1906 年 6 月 26 日第 5 号）

至客腊闻尊公疾笃，未及竟于报纸得讣。平生知友零落殆尽，恻怆何极。所致挽联，虽无奇特，然以为能写尊公心迹，亦即鄙人与尊公相知之素也。

进退上下，式跃在渊，以师长责言，匪复深心姑屈己；

恢诡谲怪，道通为一，逮枭雄僭制，共和再造赖斯人。

——《挽梁任公联》（1929 年 2 月 18 日）

【说明】章太炎与梁启超相识于戊戌变法前夕。1897 年，章太炎投奔维新派梁启超主办的《时务报》。他们都曾寄望于清政府的改革，但时局日下，二人政见逐渐发生分歧。梁启超难以放弃保皇立宪的立场，章太炎却走上了革命的道路，因此二人的关系一度疏远。但出于共同的学术兴趣，他们依然保持着书信往来不辍。1929 年，梁启超病逝于北平协和医院。闻知死讯，章太炎自言"平生知有零落殆尽，恻怆何极"，并为梁氏写下挽联。在挽联中，章太炎一方面惋惜梁启超终未摆脱康有为的影响，另一方面还是肯定其在袁世凯妄图称帝后，不惧危险，写下《异哉所谓国体问题者》，痛斥帝制，并参与反袁斗争，赞誉梁启超对于挽救民国贡献良多，至有"再造共和"之功。

黄　侃

【人物简介】黄侃（1886 年—1935 年），字季刚，号量守居士，湖北蕲州（今蕲春）人。1905 年留学日本早稻田大学，又师事章太炎，加入中国同盟会。1912 年主办《民声日报》。1913 年出任直隶都督府秘书长。之后，历任北京大学、东南大学、金陵大学、中央大学等校教授。擅音韵训诂，兼及文学，又善书籀篆，被称为国学大师。著有《量守庐日记》《声韵通例》《尔雅略说》《音略》《文心雕龙札记》等。

黄侃像

【章氏评论】

中央大学有师曰黄侃季刚，六年教成，筑室九华邨，命之曰量守庐，取陶靖节诗义也。靖节自知饥寒相涛，然不肯变故辙以求免。今季刚生计虽绌，抚图书厌饮食自若也，其视靖节穷蹙为有闲。犹为是言何哉?

夫贫富岂有定程?衰世之士,或仕宦二三岁,家累至于钜万。细者如学职,号曰褐夫之守。校其所得,有什百于侪伍而无算者矣。然仕者非变其素节,教者非心知其不然,故出其昌狂妄言,则不得至此。今欲取朱紫,登台省,突梯足恭,以迷其国而自肥,是亦有命焉,非士大夫所尽能也。寡得以自多,妄下笔以自伐,持之鲜故,言之不足以通大理,雷同为怪,以衒於横舍之间,以窃明星之号,此非吾季刚所不能也。子夏,七十子之骏者也。学三年而,以义利交其胸中,故曰学不至穀,岂易得之哉?近世长沙有皮锡瑞者,故习江、戴诸儒之学。江、戴所言,虑犹不尽契故书雅记,然颇实矣。术既通而时方骛今文,玩奇说。守其故,则不足以致犬酒之馈。乃去习今文,一时学子辐凑其庐,号为大师。今锡瑞之书具在,起死者质之,则必知非其心所厌也,固曰有所利之也。况兹末学奇邪之论,其易什倍今文,而利且百之?

夫季刚之不为,则诚不欲以此乱真诬善,且逮于充塞仁义而不救也。靖节不可见矣,如季刚者,所谓存豪末于马体者矣。虽然,靖节,沮、溺之伦也,于慧远之事佛,周续之之说礼,犹有所不满焉。季刚于靖节,未也,抑犹在陶周之闲欤?民国二十三年九月。章炳麟记。

——《量守庐记》(1934 年 9 月)

> 辛勤独学鲜传薪,歼我良人,真为颜渊兴一恸;
>
> 断送此生唯有酒,焉知非福,还从北叟探重玄。

——《挽黄季刚联》(1935 年 10 月 8 日)

季刚讳侃,湖北蕲春人也。余违难居东,而季刚始从余学,年逾冠耳,所为文辞已渊懿异凡俗。因授以小学经说,时亦作诗相倡和,出入四年，而武昌倡义。其后季刚教于北京、武昌、南都诸大学，凡二十年，弟子至四五传。余之学不能进以翿，而季刚芳颖骏发，所得视曩时倍蓰，竟以此终。

世多知季刚之学，其志行世莫得闻也。黄氏出宋秘书丞庭坚，自徙蕲春至季刚如干世。考讳云鹄，清四川盐茶道，署按察使事，以学行著。所生母周。季刚生十三岁而孤，蕲春俗轻庶孽，几不逮学，故少时读书艰苦，其锐敏勤学亦绝人。既冠，东游学日本，慨然有光复诸夏之志。尝归集孝义会于蕲春，就深山废社说种族大义及中国危急状，听者累千人，环蕲春八县皆向之，众至数万，称曰"黄十公子"。清宣统三年，武昌倡义，季刚与善化黄兴、广济居正往视，皆曰："兵力薄，不足支北军。"乃返蕲春集义故谋牵制，得三千人，未成军，为降将某所袭，亡去，之九江。未几，清亡。

季刚自度不能与时俗谐，不肯求仕宦。尝一为直隶都督赵秉钧所迫，强出任秘书长，非其好也。秉钧死，始专以教授自靖。民国四年秋，仪征刘师培以筹安会招学者称说帝制，季刚雅与师培善，阳应之，语及半，即瞋目曰："如是，请先生一身任之。"遽引退，诸学士皆随之退。是时微季刚众几不得脱。

初，季刚自始冠已深自负，及壮，学成。好酒，一饮至斗所。俾倪调笑，行止不甚就绳墨。然事亲孝，丧生母哀毁几绝，奉慈母田如母。尝在北京召宾友会食，北方重蟹羹，季刚自垣一方问母："得蟹羹不？"母无以应。即召庖人痛诃谴之，世以比茅容、阮籍云。

性虽偼异，其为学一依师法，不敢失尺寸。见人持论不合古义，即眙视不与言，又绝类法度士。自师培附帝制，遂与绝，然重其说经有法。师培疾亟，又往执挚称弟子。始与象山陈汉章同充教授，言小学不相中，至欲以刀杖相决，后又善遇焉。世多怪季刚矜克，其能下人又如是。为学务精习，诵四史及群经义疏，皆十余周，有所得辄笺识其端，朱墨重沓，或涂剟至不可识。有余财，必以购书，或仓猝不能具书簏，即举置革筒中，或委积几席皆满。得书，必字字读之，未尝跳脱。尤精治古韵，始从余问，后自为家法。然不肯轻著书，余数趣之，曰："人轻著书妄也，子重著书吝也。妄不智，吝不仁。"答曰："年五十当著纸笔矣。"今正五十，而遽以中酒死。独《三礼通论》《声类》目已写定，他皆凌乱，不及第次。岂天不欲存其学耶？于是知良道之不可隐也。配王，继娶黄，子男八：念华、念楚前卒，念田、念祥、念慈、念勤、念宁、念平。女子子二，长适潘。季刚以二十四年十月八日殁于南都，以十一月返葬蕲春。铭曰：

微回也无以胥附，微由也无以御侮。繄上圣犹恃其人兮，况余之瘣腐？嗟五十始知命兮，竟绝命于中身。见险征而举翮兮，幸犹免于逋播之民。

——《黄季刚墓志铭》（1935 年 11 月 28 日）

【说明】黄侃是章太炎的得意门生，学术深得章氏真传，特别是在"小学"领域取得了丰硕的研究成果，至而与章太炎并称"章黄"，在中国近现代学术史上占有重要的历史地位。二人的学派也被誉为"集乾嘉汉学之大成"的"章黄之学"。两人不仅是传统语言文字学的继承者，而且是现代语言文字学的开创者。

袁世凯

【人物简介】袁世凯（1859年—1916年），字慰亭（慰廷），号容庵、洗心亭主人，河南项城人。早年发迹于朝鲜半岛，归国后在天津小站训练新军。辛亥革命期间逼清帝退位，成为中华民国临时大总统。1913年镇压二次革命，同年当选为首任中华民国大总统，1914年颁布《中华民国约法》，1915年12月宣布自称皇帝，改国号为中华帝国，建元洪宪，史称"洪宪帝制"。此举遭到各方反对，引发护国运动，袁世凯不得不在做了83天皇帝之后宣布取消帝制。1916年6月6日因病不治而亡，归葬河南安阳。

【章氏评论】

力不足者，必营于機祥小数，所任用者皆蒙蔽为奸，神怪之说始兴。以明太祖建号洪武，满清独太平军为劲敌，其主洪氏也。武昌倡义者黎元洪，欲用其名以厌塞之，是以建元洪宪。

——《评袁世凯改元洪宪》（1915年11月）

僭伪之主，不能无匡国功，而亲莅行陈，其要也。袁氏仕清，权藉已过矣，不遭削黜，固不敢有异志，趣之者，满洲宗室也。于臣子为非分，于华夏为有大功，志得意满，矜而自帝，卒以覆灭者，何哉？能合其众而不能自将也。夫力不足者，必营于機祥小数，袁氏晚节，匿深宫、设周卫而不敢出，所任用者，皆蒙蔽为奸，神怪之说始兴。以明太祖建号洪武，满清独太平军为劲敌，其主洪氏也，武昌倡

袁世凯称帝，在天坛举行祭天大典

义者黎元洪，欲用其名以厌塞之，是以建元曰"洪宪"云。袁氏既覆，其佞臣猛将尚在，卒乱天下。今日无有言袁氏之功者矣，然其败亡之故，与其迫切而为是者，犹未明于远近。国史虚置，为权贵所扼，其详不可得而书也。武昌刘成禺禺生者，当袁氏乱政时，处京师久，习闻其事，以为衰乱之迹，率自稗官杂录志之，然见之行事，不如诗歌之动人也，于是为《洪宪纪事诗》几三百篇，细大皆录之。诗成示余，其词瑰玮可观，余所知者略备矣。后之百年，庶几作史者有所摭拾，虽袁氏亦将幸其传也。民国八年孟夏，章炳麟序。

———《洪宪纪事诗序》（1919 年夏）

黎元洪

【人物简介】黎元洪（1864年—1928年），字宋卿，湖北黄陂（今属大悟）人。曾被迫出任湖北军政府都督。南京临时政府成立时，当选为副总统。袁世凯窃取政权后，仍任原职。1914年袁世凯解散国会，篡改约法，改设参政院，被任为院长。袁世凯死后，继任总统，与国务院总理段祺瑞发生"府院之争"，被段利用的张勋驱走，由冯国璋代理大总统，1922年，在直系军阀支持下复任总统，旋又被直系军阀控制。1923年再度辞职，退出政坛，移居天津。1928年，因病去世。

黎元洪像

【章氏评论】

将相和协，国家乃固。袁、黎二总统均握兵柄，须同声一气，方免内部之决裂。惟黎氏今日宜驻武昌，不可轻移。盖黎氏为南省各军所爱戴，并有镇压不靖之威权也。

——《点评各国务员及袁世凯、黎元洪》（**1921 年 5 月 15 日**）

中华民国十七年六月□日，谨以清酌庶羞致祭于大总统黎公之灵：

乌呼哀哉！天建真人，固无常姓。承彼乐推，徂以求定。兴自一旅，若有符命。苟非群策，畴与为惊。中遭阳九，羽翮铩伤。江汉之美，去之堂堂。再仆再起，威积不扬。如草斯苶，击于严霜。公之大节，羑里之后。众枉害直，系命虎口。武义疏爵，金印如斗。正色巍然，舍生何有？伊古人杰，应变为巨。如公贞恒，何行之踽？羊羹不斟，敝袴不予。旅之焚巢，谁固吾圉？宸极既迁，国本亦替。五色之徽，弁髦是敝。辽东觫觫，匪此神器。谁能死绥？公独高厉。乌呼哀哉！灭顶之凶，蔵于挠栋。窃钩负乘，炰报相阋。彼素王何？弃如拨麯。曾是赘游，相引为重。乌呼哀哉！公始蒙难，洪宪椓之。滇府杖顺，足相扶持。后虽再坁，玉步未改。谁殄民国？问之南海。乌呼哀哉！创业三人，鼎足而守。彼皆畔换，公独不负。杵臼千驷，伯夷采薇。董史有作，荣名谁归？乌呼哀哉！尚飨。

——《祭黎公文》（**1928 年 6 月**）

继大明太祖而兴，玉步未更，倭寇岂能干正统？

与五色国旗同尽，鼎湖一去，谯周从此是元勋！[①]

——《挽黎元洪联》

[①] 1935 年 11 月 24 日，黎元洪遗体归葬于武昌卓刀泉。卓刀泉，是黎元洪在武昌起义时与清军血战之地，是他走向民国政坛的起点，也是终点。

草昧起真人，以大义相推，民国规模从此定；

顽疏遭闰运，但洁身无贰，皇天高朗鉴吾诚。

——《又代人作挽黎大总统联》

公讳元洪，字宋卿，湖北黄陂人也。考讳朝相，清世以游击隶北洋练军。公习业水师，勤学为诸生冠，役于海军七年。光绪二十年，清与日本战威海，公以广甲管轮自广州赴之，船脆不任战，遂陷。长官乘小艇逸，公愤甚，赴海，水及颇者数矣，卒泅邸大连岸，同行十二人，存四耳。署两江总督事张之洞闻公材，召修江宁、江阴炮台，皆坚精中法程。之洞还督湖广，公从，与德意志人某教练湖北新军。三赴日本考察军务，归充湖北护军马队长、前锋统带，擢第二镇镇统，兼本镇协统，寻以饷诎罢镇，以二十一混成协统领兼管马炮工辎各队，假陆军协都统衔，并提调兵工钢药两厂，监督武中学堂，会办陆军特别学堂，统楚字兵船六、湖字雷艇四。凡两主大操，指麾中度，声藉甚。治军严仁，不滥费军需一钱，有余，即以逮士卒，故所部军装整振，绝于他军。平居卧起皆准军号，不妄先后，夜必宿军中，虽遇岁时不移。教士剀至，唯恐不尽其才。尤敬士大夫，一方归心焉。

瑞澂督湖广，公被劾，事久未下，瑞澂忌益甚，檄所部四出以披之。时革命已有萌芽，而湖北军故多怀匡复者，期以宣统三年秋操起兵，未及期，瑞澂以事捕杀彭、刘、杨三士，复按所获名册分道往兵营逮捕，人人自危。八月十九夕，武昌革命军起，瑞澂与镇统张彪挺身走，乃推公为中华民国军政府鄂军大都督。初，自黄花冈之难，中国同盟会衰矣。其在江汉，共进会最盛，次有日知、文学诸会，各有名字与其所交关军士，力均不能相听下，谋帅无适任者，以公善拊御，皆属意公。且曰：谘议局议长汤化龙才，请以民政长辅公。议定三月矣，阴为文告署检，称大都督黎，未以告也。兵起，有数卒突入公门，公错愕，手刃之。无几，又数人至，促公赴军械局，请受都督印，公见化龙在，知士大夫有谋，宣言无略财，无妄杀，如是则可，皆踊跃称听命，即诣谘议局就选。其日溃兵返，市门启，时瑞澂亡已二日矣。瑞澂始谓小寇蜂起易定，故走江上兵舰待其变，闻公出，乃去。

军府初立，纲纪未具，将校入谒，语人人异端，不合，或抵掌捶书案，然皆以公厚重知兵，无敢轻动摇者，故军政虽纷，纪律未尝乱，南方诸革命军尝更起迭仆，及是竟以集事，由公镇之也。明日，美利坚领事入谒，问邦交，公言："自今日始，邦交由民国主之，自今日以往，约如故。"而先所拟文告，其草稿为俄罗斯领事所得，译其辞，以为有大体。会我师败清陆军大臣荫昌之师于滠口，走之，由是被仞为交战团体，去倡义八日耳。鄂府储金多，富兵杖，滨江诸省欲有事者，即赋予之无所吝。至十月，南方十一省与山西、陕西次第反正，皆遣使来，推公为中央大都督陆海军大元帅。俄汉阳陷，守将黄兴走，会下游亦拔江宁，清内阁总理袁世凯使蔡廷来，战中止，使唐绍仪来议和，公任伍廷芳为代表，令开议上海。时香山孙公自海外归，议者以武昌危子，宜置政府江宁，即推孙公为临时大总统，公副之。十一月，改宣统三年为中华民国元年，始颁太阳历也。

二月，清帝逊位，临时参议院复举袁公为大总统，公副如故。北都定，以公领参谋总长，授大勋位。当是时，南北瓦合，虽选袁公，非其意。袁公亦介北洋军威重，以南士薤果，不肯亲。公弥缝其间，卒不效。先是，湖北有一镇一混成协，及倡义，稍增至八师，公痛裁之，存其三，及军民分治，制皆自公创之。自义师起，督府苛礼尽去，公尤任自然。尝夏日入谒，公短衣，持径尺蒲葵扇，与客语半刻所。侍者进养麦屑，公手分牛乳，与客尽之。易简如此，海内乡风矣。然诛鉏骠悍亦几千数，军人被裁者，颇群聚江湖为乱，率多借黄兴名号。公雅不信，而将佐颇以为疑，交亦渐疏。明年春，袁公使贼杀故农林总长宋教仁于上海，狱不具，南北凶凶。袁公令师长李纯下夏口，受公调遣，实不用其命。其夏，江西、安徽、湖南、广东四都督罢，皆起兵抗袁氏，以兴为主。未一月，败。公素善湖南都督谭延闿，及湘上主起兵者谭人凤，又武昌倡义人也，为解说令罢兵，故延闿等得免于难。独蒋翊武不肯听，入广西，捕得，斩之。时议者多病公持两端，公以为大总统非犯叛乱，不得与校，卒未尝自明也。

其秋，袁公被选为正式大总统，公副如故。时孙、黄已亡命，袁公视天下无与己伉者，独惮公得南方心，以兵胁之入京师，馆于瀛台，公阳与和叶，而内深自为计。袁公改《临时约法》，以参政院代国会，属公长之，亦不拒也。四年，帝制议起，始辞参谋、参政二长，袁氏又以武义亲王爵公，公拒其册，却其禄。五年一月，当朝正，胁者数辈至，公誓曰："辛亥倡义，蹈军民无算，非为一人求官禄也，诸君如相迫，即立触柱死矣。"袁氏乃不敢逼。会云南、广西起兵讨帝制，师逾岭，江上游皆起。六月，袁世凯卒，依法以公继任，始复约法。还袁氏所夺将吏官勋，录旧功也。

时公久失兵，而北洋军势未衰，嬖侮跳藉，无所不至，而国务总理段祺瑞当袁氏称制时独弗顺，功亦高，其秘书长徐树铮缘傅约法，谓凡事当听国务院裁决，总统徒画诺耳。每拟令，直入府要公署名。公任丁世峰为府秘书长，与相枝柱，事稍解，未平也。六年，欧洲联军与德意志战已三岁，求中国参战，公始可之；后闻国务院将因是举债日本，亟已其事，两院议皆如公旨。树铮怒，雇恶少年聚击议员，公闻，立罢祺瑞，以伍廷芳代之。令下数日，九省督军皆反，连兵请解散国会，于是两广巡阅使陆荣廷新以讨帝制有功，难将作，公问计荣廷。荣廷者，无知人鉴，称长江巡阅使张勋能已之。难作，问财政总长李经羲，经羲对如荣廷。时勋与北洋将领开徐州会议，有阴规复辟计，勋故漏其事府秘书以示诚。公召勋，勋请解散国会，登经羲为总理，竟因是败。勋以兵二千入都，与陆军总长江朝宗结，朝宗以清遗臣梁鼎芬入谒，鼎芬请归政清废帝，公厉声诃之，鼎芬退，复说守卫司令萧安国毋用公命。安国者，鼎芬门人也。七月，勋以清废帝复辟，经羲降。公密令复祺瑞职，令讨贼。未几，祺瑞起兵击勋，走之。遣使迎公，公谢焉，乃以副总统冯国璋摄，始就参战事，但开和籴许庸赁，不出师也。

初，九省督军反，公使海军总长程璧光南下纠义旅。至是，西南护法军起，璧光数请公南行，道梗，不得前，自是南北交兵，绵四五岁。国璋去，北方又拥徐世昌主之。至十一年夏，直隶、关东相持急，长江上游总司令孙传芳腾书请公复位，北洋将领皆响应，旧议员赴天津和之，世昌走。炳麟以书邸公曰："将帅过骄，难为其上，公于段阁，有前鉴矣。必欲复位，请南都武昌，无滞宛平中。"公卒强起，以废督军要疆吏。疆吏阳应之，独废安徽，他未动。公入都，即下直隶、关东停战令，复召集旧议员，促制宪法。十二年，改选期薄，直鲁豫巡阅使曹锟疑议员附公，己不得代，则以金购致议员，且遣兵迫公府，水火尽断。公与农商总长李根源谋，令代国务总理，因出道天津浮海至上海，欲即上海置政府，为浙江督军卢永祥所持。是时南北有力者，独关东张作霖以停战令德公，而云南唐继尧雅知大义，然皆远莫能助。乃去，东之日本别府，数月归天津，自是绝口不道国政，日步马郊外，示习劳也。明年，作霖入关，锟废。十七年夏六月，蒋中正以兵攻作霖，时公病已亟，南军薄天津，公薨。诘旦，北畿皆改树青天白日旗矣。公薨时，年六十五。

公丰肉、舒行、身短，望之如千金翁，而自有纯德，不由勉中。爱国恳至，不詝于强大，度越并时数公远甚。始在海军，已习水战，及统陆军十余岁，日讲方略，于行军用兵尤精，山川厄塞，言之若成诵。绝甘分少，与士均劳逸，士无不乐为用者。会倡义诸师旅长皆自排长兵曹起，或杂山泽耆帅，跃弛志满，教令不下行。汉阳败后，公始综百务，未期月，燕、吴交捽，日相椎杵，终掩于袁氏。再陟极位，卫士无一人为其素练者。故公于民国为首出，而亦因是不得行其学。使公得位乘权十年，边患必不作，陆海军亦日知方矣。世之推公，徒以其资望，或乃利以纾祸，不为材用发舒地，虽就大名，抱利器无所措，与委裘奚异，悲夫！公不念旧怨，张彪在清时，数椓公，及公贵，彪来谒，公好遇之。湖南人胡瑛以谋革命系汉阳狱，兵起得释，欲撼公他有所立。后瑛附帝制，当捕诛，公以其被胁，卒不问也。季雨霖以督队官隶张彪，入日知会，发觉，榜掠两股尽溃。公力请之，彪不许；又属日本人任教练者请之，乃许。阴资遣赴四川，比倡义归，公令宣抚荆州驻防，任尤亲。后雨霖背公，欲劫焉，事发，逃走，公虽怒，亦不深诛云。性廉，初倡义时，约自都督至录事皆月取银二十版。事定，将吏皆增奉，身取二十版如故。再起莅政，虽常奉不入，减公府经费三分之二，崇文门税关及烟酒署旧供公府银月六万版，尽却之。尤恶举外债，以为病国。所至节财用，慎赐予。然持承平法过严，绌于拨乱，亦公所短也。自民国兴十余年，正僭迭起，大氏出介胄或幕府士，世谓与共和政体应者莫如公。其后北洋军坏散，颇自悔囊日困公，卒无及云。夫人同县吴氏，初适公，家贫甚，及公贵，起居未尝异。公再起，夫人数谏公毋行，及遇变，亦无戚容，可谓有德操侔于天地者矣。后公一岁殁。丈夫子二，绍基、绍业；女子子二，绍芬适某，绍芳适某。妾危氏。公薨后五年，绍基等奉柩归葬武昌某山，吴夫人。炳麟数尝侍公，识言行，其事或隐，即遍询故参佐，故以实录刻石，不敢诬。

铭曰：于铄黎公，胙承殷周。弱冠方毅，从军习流。楼船否臧，踊身大湫。万灵翼卫，浮行得洲。总师汉上，戎士不偷。胡运方斩，轩辕下求。天梧夕陨，宣光园陬。乃起树翻，胜清遏刘。大功不蔑，袁承其休。客实憎主，白刃在头。王章缤绥，不我能绸。否之后喜，乃膺大球。中立天衢，何党何雠？灵囊广橐，靡物不投。伏蛊未荡，曰相其矛。胡王眈眈，狙我内忧。公命苍兕，南总楫舟。三光乍隔，分曹干揪。再莅法宫，去来如浮。虹见龙藏，别风高飏。岳岳之鹤，为主杀躯。胡斯诗德，植冠而猴。公之在位，视以赘游。公之下世，蓟辽为丘。惇惇北军，亦允无鸠。孰令夸咤，召是悔尤。盘石在兹，下诏万秋。

——《大总统黎公碑》（1933年）

【说明】章太炎对黎元洪的评价非常高，称其为真正的革命元勋、民国创建者。二人私交颇好，黎元洪是共和党理事长，章太炎是副理事长。1935年国民政府举行"黎前大总统国葬典礼"，将黎元洪夫妇合葬于武昌洪山卓刀泉。章太炎为其撰写《大总统黎公碑》。

章炳麟撰、李根源书《大总统黎公碑》原稿

孙中山

【人物简介】孙中山（1866 年—1925 年），字德明，幼名帝象，稍长名文，号日新，后改逸仙，广东香山（今中山）人。辛亥革命的领导者，民主革命的先行者。早年习西医。1894 年创建兴中会，1905 年组建中国同盟会，先后在华南地区发动十次武装起义。1912 年 1 月 1 日，于南京就任中华民国临时大总统，不久辞职。1913 年发动二次革命，失败后流亡日本，次年创建中华革命党。1917 年发动护法运动，在广州创建中华民国军政府海陆军大元帅府，任海陆军大元帅，次年去职。1919 年在上海创办《建设》杂志，发表《实业计划》，改组中华革命党为中国国民党。1920 年返粤，次年就任中华民国政府"非常大总统"，策划北伐。1922 年，因"六一六兵变"，再次离粤赴沪，接受共产国际和中国共产党的帮助，酝酿改组国民党。1923 年在广州建立中华民国军政府陆海军大元帅府，任陆海军大元帅。1924 年 1 月，召开国民党"一大"，后创办黄埔军校。同年 2 月，应邀北上讨论国是，提出"召开国民会议"和"废除不平等条约"两大口号。1925 年 3 月 12 日，病逝于北京铁狮子胡同。

【章氏评论】

索虏昌狂泯禹绩，有赤帝子断其臂。

揽迹郑洪为民辟，四百兆人视兹册。

——《孙逸仙题辞》（1903 年，后又刊发于 1907 年 1 月 25 日《汉帜》第二号及 1925 年 12 月 19 日《甲寅》周刊第一卷第二十三号）

三民主义为先生所首创，惟民族主义因有凭藉，故先生能集其大成，以达目的；至民权二字，照国内现状观之，尚未能完全做到；至民生二字，一切实施，则更为幼稚。总之，先生做事，抱定奋斗精神，坚苦卓绝，确为吾党健者。深愿大家竟先生未竟之功，努力救国，则追悼先生，始有价值也。至于拟改江宁城为中山城，此盖摹拟华盛顿府为之，以义则不应尔也。改建共和，称曰民主，不应以一人名号，变国家都邑之正称。华盛顿事乃彼士习惯使然。窃谓孙公功业，昭人耳目，载之国史，生荣死哀，亦已备至，自非陵谷迁变，寇贼发掘，其传必视虚号为长也。

——《论孙中山的历史功绩》（1925 年 3 月下旬）

年月日，余杭章某谨以清酌庶羞致祭于故临时大总统孙公之灵：

乌呼哀哉！汪是大国，古之丹杨。始兆汉季，鉴劓莫当。刘石干纪，登琅邪王。姚姒正朔，凑兹南方。濠州仡起，北宾犬羊。乃植大都，阡陌有章。蠢尔胡清，轶我神疆。继明两作，公振其纲。惟公降生，挺于岭外。少则屈奇，辩口能说。扰役侠士，在海之濒。西厉大秦，脱彼羁馽。惠阳授兵，举其白筏。却入东峤，骁名始大。总翕群材，不弃葱薤。夏声昭播，莫我敢夅。十有七年，女真以隊。有众傒后，宅此江介。初制共和，立政良难。五权之宪，郁荓未颁。敝屣南位，以让北藩。北藩伊何？虏之余戈。虽悔轻授，盟不可寒。纯钩倒柄，裂我屏翰。龙蛰海隅，鸷气不蹇。僭帝始僵，又滋狼嫚。再建番禺，西南结盘。齐州天度，愁屏于蛮。公之天性，伉直自圣。受谏则难，而恶方命。有勇如螭，以鼓群劲。挥斥帑余，视重若轻。屡衄复完，亦不凝定。粤府再蹐，未匡其政。铤会北平，以身入穽。肝鬲醮矣，天禄为罄。乌呼哀哉！繄昔明祖，始登鸡鸣。乃醴沛公，荐号伯兄。明祖入鸡鸣山历代帝王祠，至汉高祖前，遽曰：大哥得天下与朕同。举酒劝之。惟公建国，继步皇明。大殓寝宫，畛告武成。公正位南都，清主退位，率将吏诣孝陵祭告。急难在原，千年同情。遗言首邱，洪武之京。惟其得一，故为天下贞。乌呼哀哉！天生我公，为世铃铎。调乐专壹，吐辞为鸡。百夫雷同，胪句传诺。余岂异邮，好是谔谔。兰之同臭，石之攻厝。如何南枢，委命穷朔。沮公北盟，终亦不获。阳冰稷雪，公之往托。杨柳方黄，公之殂落。刳肠止腐，宁战败而脯？夜光为棺，宁暴尸于郭？欲招其魂，天地寥廓。吊以生刍，忠信犹薄。歗公之功，庶其合莫。乌呼哀哉！尚飨。

—— 《祭孙公文》

> 洪以甲子灭，公以乙丑殂，六十年间成败异；
>
> 生袭中山称，死傍孝陵葬，一匡天下古今同。

—— **《挽孙中山联》**

> 孙郎使天下三分，当魏德萌芽，江表岂曾忘袭许？
>
> 南国本吾家旧物，怨灵修浩荡，武关无故入盟秦。

—— **《再挽孙中山联》**

【说明】孙中山与章太炎同是中国近代推翻清朝帝制、开创共和的重要历史人物，二者亦敌亦友、分分合合，关系十分复杂。孙中山北上时，章太炎还"入谒为别，及孙公在宛平不预"，又"手疏医方"，嘱但焘"致之左右"。1925年3月12日孙中山不幸逝世，章太炎参加商讨治丧事宜，"主张在正式政府未成立以前，为纪念孙公之功勋起见，应由家属及人民以礼行葬，待正式政府成立，再追予国葬，以符孙公生前主张"，并发表谈话："三民主义为先生所首创"，"先生做事，抱定奋斗精神，坚苦卓绝，确为吾党健者"。4月12日，在上海西门公共体育场举行追悼孙中山大会，章太炎担任追悼会筹备处干事，并送挽联。1929 年，国民政府在定都南京之后，将孙中山灵榇迎回，举行"奉安大典"，章太炎又补了一副挽联。中山陵坐落于江苏省南京市东郊钟山的孝陵，是明朝开国皇帝朱元璋的陵寝，章太炎赞许孙中山功绩堪与明太祖相比，可见他对孙中山的推崇之意。

1929 年，国民政府为孙中山举行国葬

伍廷芳

【人物简介】伍廷芳（1842年—1922年），字文爵，号秩庸，广东新会人，生于新加坡。清末大臣，先后出任清政府驻美国、西班牙、日本和秘鲁等国公使。后任清政府修订法律大臣、会办商务大臣等职。武昌起义后，宣布赞成共和，旋任南方民军全权代表，与袁世凯的代表唐绍仪举行南北议和谈判。1912年南京临时政府成立，任司法总长。1916年任北京政府外交总长。1917年5月代国务总理。同年9月赴广州参加孙中山发起的护法运动，被任命为中华民国军政府外交总长。1918年5月国会非常会议通过改组军政府案，被选为七总裁之一兼外交部长、财政部长。1919年3月因不满桂系专横，离广州去香港。1920年11月与孙中山、唐绍仪等通电宣布恢复军政府，任外交总长兼署财政总长。1921年10月于孙中山赴桂林筹备北伐期间代行总统职务。1922年4月兼任广东省长。"六一六兵变"后，曾多次到永丰舰与孙中山会商讨伐陈炯明等问题。同年6月23日在广州病逝。

【章氏评论】

一夜白须髯，难得东皋公定计；

片时留骨殖，不用西门庆化钱。

——《挽伍廷芳联》（1922年6月）

伍廷芳像

【说明】辛亥革命后南北议和，伍廷芳任南方代表，颇费周折，久无成议。伍廷芳心劳力拙，须发为白；后病笃，遗言火葬。因此章太炎挽联中的"一夜白须髭""片时留骨殖"皆意有所指。

龙　璋

【人物简介】龙璋（1854 年—1918 年），字砚仙、研仙，号特甫，别号甓勤斋主人，晚号潜叟，湖南攸县人。出身世家，其父是与王闿运齐名的龙汝霖，他则是陶澍的孙女婿、左宗棠的外孙女婿。清光绪二年（1876 年）中举人。二十年（1894 年）以中书改官知县。分发江苏，历任沭阳、如皋、上元、泰兴、江宁知县。三十三年（1907 年）因丁母忧弃官归里。1900 年庚子国难，龙璋积极联络张謇、盛宣怀、赵凤昌等江浙名流，推动"东南自保"。在此期间结识黄兴、蔡锷、宋教仁等辛亥革命志士，暗中资助革命，前后达 20 多万银元。回湘后参与领导辛亥革命、二次革命、护国战争。同时致力于教育和

龙璋像

兴办实业，先后参与创办瓷业、铁路诸学堂，以及汽船公司、开济、利济轮船公司，并组织商船公会、农会等。被袁世凯通缉，流亡上海三年。辛亥革命后，曾任湖南民政长、西路巡按使、国民党湖南支部评议长、代省长。1918 年 3 月，北洋军阀张敬尧入湘，迫于时局避居长沙老家东皋别墅，后忧愤去世。丁文江为其弟子。

【章氏评论】

清末言改革者，或主法治，或以光复汉祚自任，往往相出入，久之徽识益分。光复家多军人，及诸少年意气之士，至以言吏治为讳，又器迫，欲尽芟柞异己，功虽就，卒不能治。而法家久更任权数，逢迎暴豪，养其恶而踣之，亦不可独任。如攸之龙君者，盖有之矣，我未之见也。

君讳璋，字研仙，家世以文学仕，故治小学声均甚精。以古义无经国用，始博涉政书，期于今可行者。清侍郎郭嵩焘以出使归，好言远西事，乡人哗，以为汉奸。君往见，语相得甚欢。嵩焘叹曰："举世无知己，独此一少年耳。"年二十三，举光绪丙子科湖南乡试，久不得成进士，以中书改官知县，分发江苏，历署沭阳、如皋、上元、江宁诸县事，补泰兴县知县。虽官小邑，名声出诸监司上远甚，大吏多从决事。光绪中，日本侵奉天，海运不通，两江总督张之洞惧敌舰入江，断江淮转输道，未有计，君奏记言守御甚悉。之洞壮之，令别治一军扼江淮间，敌竟不入。

后数年，清那拉太后既黜康有为，欲因废景帝，密敕两江刘坤一、湖广张之洞议之。坤一召问君，君言废立之事，在宫廷一言耳，所以访疆吏者，惧其有后言。公中兴宿将，张公亦旧臣，会奏持之，太后当慑而止，坤一从之，景帝位遂定。又二年，义和团起京师，南方诸猾多假其名，所在劫杀宾旅，烧礼拜寺，甚乃贼长吏，势不可止。君入见坤一，请亟奏诛首祸，而与东南诸督抚会牒所在领事立保护侨民约，及上书之洞请清君侧。之洞性持牢，不敢发，然两人卒从君议，与外人约，保护东南。由此南方得无事。当是时，清政愀乱，几亡者数矣，赖张、刘补袈其间，得引岁月，而大议实自君发之，犹不能尽用。君已知清命将斩，胡、汉无两立理，亦不欲为清纯臣，诸任光复倡义师者，君辄阴赞之。

初，清、日本既平，识者知旧法不足自保，极言教育，君在如皋实始置小学，自是江苏有旅宁，湖南有明德、经正诸校，皆君所规建也。及知泰兴，泰兴当长江孔道，过客多，君辄留与谈国事。有游学海外者，即与资装，人人皆如其所欲，士以此归君。光绪末，黄兴始倡义长沙，君先后资以银币十余万版。兴尝以事讼上海，君救之，亦累数千版。及君归，老河口、镇南关、黄花冈诸役，皆阴有所助，其事秘，故清吏莫能蹑也。

宣统三年夏，铁道国有议起，频江民匈匈欲为变。君日夜说新军防营，为规度起兵事。八月，焦达峰自夏口来，言武昌且反正，期不过一二旬，君亦已部署诸军。及事起，财十日，长沙即定。因布告属县将吏，皆受牒，独镇筸拒命。于是推达峰为湖南都督，陈作新副之，君为民政长。清攻夏口急，方调兵食遣师赴援，会难作，达峰、作新皆死。其部曲愤欲报仇，君痛哭言江汉方亟，不宜自相毙。乃推参议院长谭延闿为督，以礼葬达峰、作新，出师援夏口如故。时镇筸尚未定，君请西征，到辰州，游击杨让黎抗命，即缚杀之，反侧者皆詟服，遂入镇筸抚苗人而还。民国二年夏，黄兴以江宁拒袁世凯，江南诸省皆应，未几败，君以嫌走上海。四年冬，世凯将称帝，蔡锷自云南起师讨之，数月广西、贵州兵侵寻向湖南。世凯所遣将军汤香铭知势不敌，亦以湖南应。君知香铭反覆，亟率义故返长沙。人或为君危，君曰："不入虎穴，焉得虎子？且彼名义已与世凯绝，往必无害。"到长沙，香铭走，士民复推君为民政长。

君以政争方起，旋引退，为义故谋久计，至忘寝食，以是病悸，七年三月卒，年六十五。配陶夫人，继配张夫人，姜唐。子祖同。女子子五，长适浏阳谭传赞，次适永明周元漾，次适湘乡刘清藜，次适湘乡李正绂，次适安化陶佑曾。九年六月葬于白泉铺牛栏坡之冈。所著《小学搜佚》《尔雅邢疏删繁》《甓勤斋集》如干卷。

君在清世，位不过州县，其风烈足以厉具臣，矫曲朝。晚乃佐革命，不大声色，而功与开国诸将齐。制变有渐，不自乖异，于智仁勇可谓参之矣。余知君名几二十年，顾未尝一识面。十一年夏，祖同以状来，述大事甚备。其余兴工艺、规铁道及治事可称者众，于君则绪末也。故撮其方略卓绝者以为表。

——《龙研仙先生墓表》

【说明】据龙永宁著《从绅士到革命家——我的祖父龙璋》一书记载："龙璋去世时，因军阀混战，草草修墓，未曾刻墓表。至1922年，有位老同盟会员回长沙对我祖母张夫人说，章太炎久闻龙璋之名，十分钦佩，主动表示愿意为龙璋写墓表。我祖母听了当然很高兴，即将龙璋行状寄给章太炎，并请他撰写墓表。"1929年国民政府发表《褒扬令》，1933年湖南省政府在南岳衡山建烈光亭纪念龙璋。

陆荣廷

【人物简介】陆荣廷（1859 年—1928 年），字干卿，原名亚宋，壮族，广西武鸣人。中法战争后，投奔唐景崧的景字军，奇袭法军。后法向边防督接受招安，改名为陆荣廷。先任帮带，后任统带。广西会党起义风起云涌，清廷命其镇压陆亚发柳州起义，由此被提为巡防统领。后任右江镇总兵，不久改任左江镇总兵。清宣统三年（1911年）被提为广西提督。1914 年袁世凯授其为宁武将军，后再升为耀武上将军。与袁世凯矛盾日深，1915 年在柳州通电宣布广西独立，护国讨袁。1917 年接受黎元洪任命为两广巡阅使，占据两广。1920 年

陆荣廷像

驻闽粤军和广东民军将桂系驱逐出粤境。翌年孙中山命粤、滇、赣各军入桂讨陆，陆嫡系谭浩明部退往桂西继续抵抗。1923 年乘陈炯明背叛孙中山粤军撤退，卷土重回广西。后逃离广西下野，寓居上海，后移居苏州。1928 年 11 月病逝于上海。

【章氏评论】

君讳荣廷，字干卿，其先广东高要人，徙广西为武鸣人。考业秀，县学武生。妣欧。君生逾年而孤。五岁丧母，育于外氏。七岁就傅，读书至古任侠事，辄乡慕之。筋力绝人，能兼人负担。年十六，赴龙州充缉捕兵，会法兰西寇越南，清廷属两广云南出师御之。时桂林唐景嵩以吏部郎奉命勘越事，亦自立景军五营，君应募入选锋营。顷之，统帅冯子材以大军出镇南关，收失地。既克谅山，会贵州布政使王德榜前以偏师入越，方被围山谷间，闻捷，自围中突出，奋击断敌兵不相录，大破之，南服响震。而清廷殊未知，遽下令与敌和，将士怏怏然，无敢抗命者。君率众跽景嵩前，泣，请毋听命。景嵩知君材，以兵授之而去。君率义勇乐从者五百人入越南陕地，与法兰西军抗。遇大敌即敛兵避，其小敌也，即乘间掩击，必尽歼乃止。越南民争输饟给军，高平、七溪、广渊、谅山诸道多附从者。凡数年，法兰西人甚苦之，私请边帅苏元春徙其军入关，而约不得任以方面大将，元春许之。

君归自健字前营管带，累迁至荣字军统领。岑春煊督两广，以君剿山寇功，奏授广西右江镇总兵。事闻，法兰西公使以前私约赴清廷抗议，清廷下其事春煊。春煊覆曰："中国任将领，非他国所得可否。且为患越南者陆阿宋，今所请授总兵者陆荣廷，陆荣廷非陆阿宋，不得妄摭相冒。"法兰西使语塞。阿宋者君小字，在越南时称之，故法兰西与苏元春结言但称陆阿宋也。旋徙左江镇总兵，擢广西提督。未几武昌倡义，广西应之，以巡抚沈秉坤为都督，按察使王芝祥副。后二月，二帅亲统师逾岭，援武昌，以君代，时副总统黎公感广西之援，尤爱君。民国二年，黎公被胁入京师，君知大总统袁公必改号，阳顺命而阴有为备，外人不知也。四年秋，帝制议起，以明年为洪宪元年。其冬，蔡锷、唐继尧以云南军讨袁氏。广东帅龙济光遣其兄觐光率师道百色窥云南，君伏兵袭破之，尽夺其仗，始宣言讨帝制，与云南应。北伐次长沙，袁世凯卒，依法以黎公继，被任湖南督军，复徙广东。明年春，入觐，授两广巡阅使。

当是时，府院不辑，朝野怔遽，黎公问君计。君素恺直，又生长山海间，不悉人情狙诈。入觐时，道铜山，与长江巡阅使张勋遇。勋阳示忠款，握手誓约百端，君信之。及对，即言张勋可属大事。归未三月，黎公竟以召勋败。君愤甚，与前临时大总统孙公谋会师北伐，议方起，勋以为故国务总理段祺瑞所破，遂命其师曰护法云。君老于戎事，军行遇百姓有恩，初治广西，群盗屏迹。其后仍岁出师，未尝加赋，橐中无余金银，遇士大夫尤谦下。而时两广魁桀久相猜，广东人尤好弄，日夜接构。九年，陈炯明自东江来，番禺陷。明年，广西尽陷，君出走。未几，广西军民复请归主善后事。岁余，亦去之。处吴下数年，绝口不谈国事。十七年十一月，终于上海，春秋七十有三。配谭夫人。子裕勋充袁氏侍从武官，早卒。庶长裕光，广西陆军第一师师长。次裕藩，广西宁武军副司令。次裕彰。孙四人。明年春，返葬武鸣狮啸山之阳。

余自讨帝制时识君，及君隐吴下，往过之，言语横横，未尝有不平色。貌瑰异，喙锐决前出寸所，与明祖绝相似。为人表里洞通，举事无不可语人者。独漫于张勋，率尔任举，幸其材劣，不返踵而仆，而君之过可谓如日月之蚀矣。然自民国兴至今二十余岁，南北流污，南弥污于北，而憨北者咸慕趣南。其两无所染者，独君与云南倡义数公而已。好恶亟易，今人之视君如灰尘。殁六年，未有表墓之石。二十三年春，旧部以为请。余以为阐幽辅微，野人之责也，故次其事，树于墓道。

——《勋一位耀武上将军两广巡阅使陆君墓表》

谭人凤

【人物简介】谭人凤（1860 年—1920 年），号石屏，又号雪髯，湖南新乡人。1906 年到日本，加入同盟会。旋回国策应萍浏醴起义，未果，重返日本。入东京法政学校学习。1910 年，与宋教仁、陈其美等组织同盟会中部总会，谋推进长江流域革命活动。武昌起义爆发后，协助湖北军政府，参与军政事宜。汉阳失守之后，出任武昌防御使兼北面招讨使。南京临时政府成立前后，反对南北议和，力主举兵北伐。1912 年任川粤汉铁路督办和长沙巡阅使。参与"二次革命"，失败后流亡日本。1916 年回国，参加护国和护法战争。1920 年病逝于上海。

【章氏评论】

君讳人凤，自号石屏，湖南新化人也。少病喘，病作，即梦游天际，失足踢地，已乃大汗，病有瘳，如是者数矣。稍长能文，不屑意生产，尝以事赴讼，为吏所侮，发愤欲摧折之。值义和团乱，清主跳西安，言光复者始起。君闻之曰："钼去非类，斯吾志也。"

始设福田邨学，渐就县治设小学，招学子俊悍者教之，欲以集事。后知其道迂，改与会党者帅游，数作小册散之，自宝庆达辰、沅、常德，和者甚众。隆回者帅刘纲领以数百人来属，皆伉健，有精采，君分遣赴永、郴、桂阳，北及衡山，皆乐听命。自是会党言光复者，辩于湖南矣。始善化黄兴居会城，谋光复，未尝识君，所部多学子，及是，渐与君并力，势浸寻及江西，其随营学兵皆附焉。己又率两部入广西，亦随营学，广西故多洪杨旧部，闻有言种族革命者，皆距跃乐为用，故岭左右耆帅秀民多宗君。尝沿江下上海，到旅舍，失箧中银币二千版，方搏髀詈骂。须臾，窃者自归，其德信及人如此。后任新化驻省中学堂监督，适宝庆部众起麻塘不利，吏名捕甚亟，皆奔就君舍。事洩，乃东渡日本避之。

时黄兴先在，君因是入同盟会，识香山孙公，同盟会得君以为重。部众复起浏阳、醴陵间，亦不利。君风操骨鲠，好任侠，不甚喜海外学人，尤厌清淡，与孙、黄好尚异，独重桃源宋教仁，以为隽才。自同盟会起，声气甚盛。清廷惧，要日本政府禁勒，孙、黄相次走交趾。其后拔镇南关，袭河口，君皆奔赴。欲与规画，不能得要领，往来极南岛陆间。凡二岁，无所就，返至日本。

孙武自湖北、焦达峰自湖南、张百祥自四川皆来会，闻孙公设南部同盟会，专力广东，经略不远，皆不悦。以君楚士，欲与规长江上游，君与兴力解之，卒不应。归相延设共进会，与孙公分，其后君与教仁亦分，设中部同盟会云。会丹徒赵声以标统处广州。赵声者，军中言光复有显名者也。君潜往为计事，事觉，声亡抵香港。居一岁所，与兴谋集敢死士发难广州，以新军防营应之。事即成，兴率一军入广西，声率一军入江西，以湖南属君。议既定，君潜入长沙，部署稍就，复赴香港，兴遽起袭两广督部，败走。诸兴、声所为，广东人胡汉民及弟衍鸾轹挠之，以至于败。声发病死，君始知广东人不足与，北归到夏口，遇焦达峰，及子二式，中部同盟会始成。

初，武、达峰及胡瑛，蒋翊武第八镇所隶蔡济民、吴醒汉等皆有部曲，聚于武昌，不相摄。君年长，能断大事。修髯精骢，行止有威重，声亢阆如急弦，诸豪猛皆严惮君。君辩走诸部调之，得相应。复下说九江、江宁诸军，令奉约束，于是有武昌倡义之事。事起，孙、黄在海外，皆出不意。君方以病卧上海，亟抵武昌。达峰亦定长沙，君亲往湖南镇抚。湖南将吏有为言，达峰死。君愤甚，遽返武昌。是时黄兴来守汉阳，汉阳陷。兴与都督黎公谋东行，且移军械九江。君诘兴曰："公不留武昌待援，将何之？"兴谬曰："仆赴广东，以机关铳来御寇耳。"君曰："广东水陆军，李准、龙济光主之。安得机关铳与公？无已，则往上海，谋速取江宁！根本，军械当以其半授我。"兴曰："持械安往？"君曰："持以守岳州。"兴笑曰："人皆向外走，公独向内走耶？"君怒骂兴曰："洪杨之役，武昌尝三陷三复，非湖南谁为援者？今江宁、成都皆未下，湖北失，不守岳州，湖南相继失，两广、云贵亦不支，九江尚足恃乎？公往广东，且为虏矣。"兴卒去，黎公亦趣葛店，以君为武昌防御使兼北面招讨使。当是时，微君武昌几殆。事稍定，黎公返，君亦以议和代表东下矣。

民国元年，任川粤汉铁路督办，已又任长江巡阅使，予陆军上将衔。明年，宋教仁被杀，江苏、安徽、江西、广东、湖南皆起兵讨袁氏，旋悉败退。君里居，吏踪迹至君家，君已去。初，清安徽巡抚朱家宝，云南人也，武昌兵起，下江清吏皆慑伏，独家宝拒命。云南籍其家属，君驰书释之，故家宝德君。及是，家宝为言于袁世凯，令吏士缓追君，君得逸去。复走日本，时孙公、黄兴及诸失兵都督皆在，孙公厚怒兴独自矜伐，置中华革命党以摈异己，同亡者皆大恨。兴走美洲，君数谏孙公，无所向背，故孙公不甚恶君。世凯败，得归。六年，张勋以故清主复辟，君闻不胜愤，上气几死。而孙公就广州建军政府，君以人材乏寡，方镇又素骄，事不易就，亦不与其议。

寄居上海，督诸孙读书，时应人嘬，亦他往，率不过二三月归。九年四月卒于正寝，年六十一。子男四，长德甲，次即二式，二式以七年死难安化。次德揖，次德遗，君殁一月生。孙五人。君素刚，民党独君最长老，在武昌功尤高，自黎公及兴、教仁名位已显，君面数其过，皆唫默不敢校。晚节诸义故多废死，移枢西南，莫有知君功者，君愤世亦益甚。时或谓君过，然以君刚果成就，而世莫用其策，捐忘旧勋，以兵多寡为雌雄，君之发愤，宜有不能已者。抚循将校，不如黄兴，然信于人民过之。若夫见利思义，见危授命，久要不忘平生之言者，唯君一人而已矣。

君始尝斥余狂，余亦以君泰戆，其后更相下。复辟之变，余自广东走滇、蜀间，遗弱妇稚子，屏处上海，知友或不相闻，君时时来问燥湿。既归，宅舍相去财百步，常相过道公私事。语尤顾挚，虽稚子亦知君可亲也。君未殁时，余适病黄疸，数入视，叹曰："君不当先我死，我平生事，君职当叙次之。"余曰："以年，君宜先，精力吾不逮君远甚。然今病黄，未死也。"未七日，君病遽作，又十日而君殁矣。君死，吾惧不得久长，嘬承君志而志其墓，以交深，故言不文。

铭曰：江汉之兴，郁何垒垒！收合遗烬，非德孰绥？大哉元功，赫若云雷。既缋以贞，无有曲隑。恺易字人，又如柔韦。体备坤乾，龙德而摧。黄河有涸，昆仑或隤。众雌无雄，直道其衰。

——《前长江巡阅使谭君墓志铭》

唐绍仪

【人物简介】唐绍仪（1860 年—1938 年），又作绍怡，字少川，广东香山（今属珠海市）人。1874 年随第三批幼童赴美留学，后升入哥伦比亚大学文科。1881 年回国，入洋务学堂读书。1906 年任外务部右侍郎兼京汉、沪宁铁路督办，10 月任邮传部左侍郎兼外务部右侍郎。1907 年 4 月，任奉天巡抚。1910 年 8 月，任邮传部尚书。1911 年 11 月，南北议和时，任北方全权代表。1912 年 3 月，任北京临时政府内阁总理。1916 年，任广东军务院外交专使。1917 年 9 月，

唐绍仪像

参加中华民国军政府，任财政总长。1918年军政府改组后，任七总裁之一兼财政总长。1919年初，代表南方军政府与北京政府举行和议。1928年，任国民政府赈款委员会委员、两粤赈灾委员会委员、晋察冀绥赈灾委员会委员。1929年回乡，任中山县训政实施委员会主席。1931年5月，任广东省政府委员、广州国民政府常务委员。1932年1月，任中国国民党军事委员会西南分会委员。1938年9月30日遇刺去世。

【章氏评论】

唐总理：买办的政治家，卑无足道。

——《点评各国务员及袁世凯、黎元洪》（1921年5月15日）

唐绍仪之未遁也，康达士已发其私，既遁然后情事大现。然滥用比款一端，亦有公私之别，不得以忿嫉同盟会故，事事执为罪状。方南京政府未取销时，孙、黄虽情屈势穷，犹有乳鸡搏狸之势，负固不服，足以倔强一方，幸其志在金钱，可交易而退也。当是时，虽以伯夷、公绰处之，亦不能不暂输赇略，以弭戎心。费三百万而得东南数省，夫何罪焉？

唐绍仪当明言犒劳，扬于大廷，自无有议其后者，而专务诡秘，一切以冥昧施行，功成而反为罪，此唐绍仪之短拙，不足以为大尤，原心据迹，可赏而不可罚也。若其馈遗陈其美者又三百万，上海弹丸之地，兵号二师，实计未有八千子弟，与之金钱，而不稽其兵额，亦终不能取销沪军，是唐绍仪与陈其美朋比为奸。至伍廷芳素称长者，又以专习法律知名，而亦受百五十万之略，廷芳身虽退处，无受贿之嫌，其费既为公款，私相馈赠，则唐之罪重于监主私贷官物，而伍之罪逾于受贷坐赃。无文记者以盗论，有文记者准盗论，此二事皆不可与馈遗孙、黄同视。至于余款未尽，尚在银行，当视唐之所以报告大总统者，有无此款，若有其款而不报，则为监守自盗甚明，其罪尤不可逭矣。

当国家新造之时，而贪人败类如此，若不加以重诛，则挟赀私逃者无后患，而厚藏退隐者有高名。作法于凉，后之宰官，何所惩艾？是则唐与伍、陈，皆非缧首市曹不已。然而开创之初，南北协和，唐绍仪固非无力，非若陈其美之弄兵潢池，只以军饷资淫佚也。必以绍仪为戮，是狡兔死而走狗烹。夫其干没与滥赠也，有莫大之罪；其以贿赂取销南京政府也，有必录之功。议功议勤，宁无可以减贷者哉！然此非可以含胡弇盖了之，必付法司，而后以事状明白宣布也。故以为参议院宜弹劾，大理院宜穷治，大总统宜下赦令。

——《处分前总理议》（1921 年 6 月 17 日或稍后）

唐总理之仓皇出走也，于东南形势，非有动摇，于借债亦无影响，外人则既以匪党目之矣，同盟会人又以穷奢极侈恶之矣。奉身而退，足以自完，于国事固无损益；若谓其因事要求，能致祸变，实未然也。然同盟之攻唐也，猝然发起于秘密会议之中，而非同盟会派，亦与勷力。是何故？则有欲取而代者为之枢纽尔！斯人常识数倍于唐，其好行小慧也，又非唐所敢望。以斯人当轴秉钧，宜不至如唐腾笑；而好用陆、梁谕薄之徒亦相等，其僵仆则或视唐弥速。是何也？其异党固不甚附和斯人，特以壹意攻唐，因时假合；其向所从出之本党，亦有一部疾之如雠者。犹愿斯人养名修德，以为后图，无亟亟效范雎、蔡泽事也。

吾意政党内阁，在今日有百害而无一利，两党交构，亦有轧轹之忧。乘兹废置之间，以建无党总理，犹足以持危定倾。（此谓本无党籍，其临时脱党之人，则名亡而实犹在，非其例。）各部总长，虽数党杂糅也，调和于无党总理之下，则意见销而事举。大抵不应偏任京曹，亦不应偏任新进，惟取清时南方督抚著有材名者，以充阁员之选，比于京曹，则度量较宽；比于新进，则经验较富；虽有一二署名党籍者，大抵随波逐流，行所无事，任其材略，必视新旧阁员为胜。且光复以来，故督抚既退居田野，无以舒展其材；而各省廉能之吏，率以省界见排，蛰伏家巷而不能逞；甚者遁于饮宴围棋，若将长往。诚以是时振拔淹滞，何患无人材？不求之此曹中，而求之京曹新进，仅得一二人亦幸矣。盖汉之良相，即亡秦之退官；唐之名臣，即败隋之故吏。政治不能冯虚而造，非素有涉历者不理。

今虽有君主民主之异，特以元首代更，三权分立，为异于专制之时，而不能不循旧贯，以施因革，则方镇老吏自优，一二新材，宜处参议，固不可骤居大长，以堕万事而丧令名，此亦事理至明者也。但惧同盟会人，惟以光复有功者为先；非同盟会人，又以诵习法政讲义者为主。夫勋臣不可为吏；而习于讲义者，惟是比附笼罩之谈，不剀切于实事，必以二流秉政，中国可炊而僵也。纵不然者，人民愁痛而思清之故政，则新政府愈可危也。

——《内阁进退论》（《新纪元报》1921 年 6 月 18 日）

程璧光

【人物简介】程璧光（1861年—1918年），字恒启，号玉堂，广东香山（今属中山市）人。15岁入福建马江船政局水师学堂，毕业后历任清廷福建水师、广东水师帮统、管带。清光绪二十年（1894年）受广东水师委派为粤舰领队，率广甲、广乙、广丙三舰北上会操，不久被编入北洋舰队，参加中日甲午战争。1895年2月，北洋舰队被敌围困，海军提督丁汝昌殉国，其奉海军副提督英人马格禄之命向日本海军递交降书。战后，被解职还乡，后赴南洋。受其弟程奎光影响，

程璧光像

加入兴中会。1896年，复被起用为建造军舰专员、海军处船政司司长、巡洋舰队统领。1910年冬任海军部第二司司长。1911年4月出访英国、墨西哥、古巴，以副使衔参加英皇乔治五世加冕礼，继赴美洲慰问华侨。民国元年（1912年）回国，次年任北洋政府海军高等顾问、参议。1916年任海军总长。1917年5月因不满段祺瑞专权愤然辞职，7月率领第一舰队南下广州，参加孙中山的护法军政府，任海军总长。1918年2月26日在广州遭暗杀身亡。

【章氏评论】

君讳璧光，字恒启，自署曰玉堂。其先吴人，宋熙宁间有广平侯正谊者，经略广州，其后著籍为香山人。考讳培芳，以商走美洲数年，亡其资。是时君九岁，著敝衣决履，持蒲席度海往省。居二年，考丧，以梓归葬。年十六，入马江水师学堂，卒业，充"扬武"舰见习生，稍迁至"广丙"舰管带，"广甲""广乙""广丙"者皆广东舰队也。以赴北洋会操，任君为领队。会日本战事起，君上书北洋大臣李鸿章，请率舰赴前敌，许之，即进抵大东沟，以护陆军东行者。敌以军舰十一艘来犯，为单鱼贯陈，海军提督丁汝昌令作燕尾陈之。日本船仗皆锋锐，而中国炮重迟，不能制。未几，陆军尽败。诸舰退保威海卫，犹日鏖战不已。君立"广甲"舳首应战，自朝至日中，腹被弹，血渐中衣过半，不知也，卒以援绝为敌人围攻，将士皆没。未几，得遣归。君闲居二年，复起为监造军舰专员，"海天""海圻"皆君所就也，累迁海军部第二司司长。宣统三年，副贝子载振使英吉利贺新君，以"海圻"行。既致命，复赴美利坚、墨西哥、古巴慰问侨人。中国军舰至远西自此始。

民国元年，清祚已斩，而君方自远西归。临时大总统袁世凯召欲用君，时海军总长刘冠雄不称职，君辞。二年春，始应命为顾问，寻改陆海军统率处参议。君知世凯欲更名号，阳为柔谨，日粜鬻灌园以自晦。与人书，自恨不速死。世凯亦知君终不为用。四年秋，命考察全国兵工厂。君已行，逾二月，世凯遂称帝。五年夏，副总统黎公继任为大总统，以君为海军总长，始君尝为"广甲"帮带，黎公以管轮属君，甚相得也。自威海卫败归，时临时大总统孙公名尚微，方有所规画，以医自隐。君尝求治疾，孙公即要君同任光复事，君诺之。事泄，亡命海外，而弟奎光以系狱死，故君与孙公称布衣交。黎公既践位，锐意完葺海军。知非君无可恃者，又时袁氏余孽犹在，举事数不如意，亦欲倚君为心膂，用自强，以是委任甚专。君既视事，尽罢前总长昏制，正身率物，日召诸将以奢惰相戒。故是时诸部皆窳败，而海军事独起。国务总理段祺瑞者，故袁氏爱将也，新得政，横甚，欲借远略以专兵秉。六年二月，始与德意志绝交，四月，又议宣战。为国会所持，祺瑞恚，遍召督军附己者会京师，与国务员杂议，皆书册称从总理命，次及君，君曰："当服从民意。"祺瑞不惮，然无如君何，即留所召督军，令上书请解散国会，又购市闾乞儿以公民名入议院击议员，众大凶。君闻，即夕辞职，诸总长亦相继去，未得请也。而国务院遂空，黎公乃免祺瑞，以外交总长伍廷芳代之，众始定。

未几，安徽省长倪嗣冲以安徽反；浙江督军杨善德、省长齐耀珊，河南督军赵倜、省长田文烈、师长张敬尧，直隶督军曹锟、省长朱家宝、师长范国璋，山东督军张怀芝，福建督军李厚基、省长胡瑞霖，湖北督军王占元，奉天督军张作霖，吉林督军孟恩远，黑龙江督军毕桂芳，陕西督军陈树藩，山西督军阎锡山，皆以其地拒命。嗣冲以倪毓芬为北伐司令，率兵薄丰台，曹锟等亦各以兵来犯。君见事亟，即部第一舰队司令林葆怿率舰驻大沽口以待之，群叛已会师天津，设总参谋处，以徐世昌为大元帅。六月四日，君入见黎公，曰："叛军陵迫，大总统宜避其锋。西南诸省暴力所不逮，璧光愿率舰队奉大总统南下，号师剿逆，请速定计。"黎公不能决，君固请，始遣君出集舰队以俟事变。君闻命，逾宿即行，九日至上海，召林葆怿与诸舰长议讨贼为天下倡。时孙公已先导说海军将佐，未成言，君至，与孙公谋，以军饷属之。十二日，解散国会令下，两广始自主。七月一日，张勋以故清帝溥仪复辟，黎公逊于日本使馆。君闻变，即遣三舰奉迎，以电书致日本公使，请护黎公至天津。公使不肯，乃与上海护军使卢永祥宣檄以讨张勋。会总统府幕僚金永炎来，言黎公已辞职，以印致副总统冯国璋于江宁矣。君固请黎公毋退，且致国璋书，言大总统尚在，号令未绝，欲以阻国璋。七日，国璋宣布代理大总统职，君复以电书诘之，国璋竟不从。于是腾书讨贼，先以海琛、应瑞奉孙公赴番禺，而自率葆怿及前外交总长唐绍仪以七舰从之而南。当是时刘冠雄及海军上将萨镇冰数以无线电阻海军南行，凡五六至，卒不能动。八月，君部七舰抵番禺，自是两院议员来赴者几百人。九月，国会非常会议选孙公为大元帅，两广巡阅使陆荣廷、云南督军唐继尧为元帅，称军政府焉。

张勋之变，冯、段皆知情，至是勋虽败，国人不欲奉冯氏，尤恶段祺瑞首乱。凡隶于军政府者，广东、广西、云南、贵州四省，皆称护法，不仍冯国璋位号。其后湖南、四川皆奉牒如律令，卒以西南一隅，抗僭伪全制之力者，自君始也。军政府既建，君以海军总长赴邕宁见荣廷，广西始发兵援湖南。十月，援长沙。君还，与滇军军长李烈钧、粤军军长陈炯明东略福建，会琼崖矿务督办龙济光受北廷命，称两广巡阅使，以水师向汕头。君闻，即还师迎讨之，以三舰分截北海闸坡崖门。龙氏军不得进，卒以大挫。时军政府之兴四五月矣，然拥虚名，群帅未尝受方略。孙公在番禺，广西诸将尤不怡。各省分峙，无适为枢纲。唐继尧、李烈钧欲起西南各省联合会以凝之，君始附其议，久之知其无远图，心不慊，其议卒寝。七年二月，始议改建军政府，以政务总裁易元帅，孙公尚持重，久亦不能违众议。议未定，广东人欲以君为督，而君由是殇矣。

初，海军治所在海珠，地迫狭，君时时屏导从出游，或戒以自重者。会易督议起，飞书狎至，君皆不省。二十六日莫，以事乘小艇渡江，及岸，贼突至，举铳击之，中肋穿匈，遂卒。年六十。护法诸省闻之，知与不知皆失声恸。军府及广东将吏以令购贼，竟不能得主名。配邓夫人，妾梁，子耀楠，女适江浦张铸。九年一月，葬宝山八字桥之原。二月，建铜像番禺。

君临变倜傥有大节，而处官廉，虽至辅政，未尝增服器。卒之日，遗孙公所资海军银币不在经费者二十三万，耀楠悉反之海军部，承君志也。其后徐世昌盗国，南北乞盟，曹锟、张作霖覆段祺瑞，更四五年未定。十一年夏，大总统黎公复位，赠勋一位海军上将，而章炳麟为之碑。铭曰：

乾德之衰，北辰其颓，国命遹回。彼骄以桀，盗之槎蘖，乱我法契。蹶哉夫子，奋衣卓起，于三千里。澮动而鸣，如雹如霆，群贼震惊。篡夫犹奰，我褫其气，以贞名器。发自江浦，挞彼大武，莫余敢阻。虎门之隈，四方是葵，暨于坤维。乃践邕宁，出其胜兵，以临洞庭。乃截儋耳，寇不出涘，踠迹而止。大业未登，旻天载梦，为奸所乘。夫子之亡，盗言浸飏，出师否臧。百舻湫久，苔蛤胶糅，艘沙则盾。虽则否臧，大冤烝湘，群舒于襄。庚以五年，巨灵噘天，法统再延。觥觥铜枭，扬休且烈，式是百粤。仡此鸿冢，桓表有竦，书其神勇。

——《赠勋一位海军上将前海军总长程君碑》

【说明】程璧光逝世后，护法军政府为其治丧，举行国葬荣典。遗体于1919年1月安葬于江苏宝山，并在广州珠江江畔的海珠公园铸立铜像，以作纪念。

程璧光铜像

熊希龄

【人物简介】熊希龄（1867年—1937年），字秉三，湖南凤凰人。光绪辛卯（1891年）科举人，壬午（1892年）科进士，选翰林院庶吉士。旋返湘，助陈宝箴、黄遵宪行新政。1897年任长沙时务学堂提调，推行新学。1898年与谭嗣同等在长沙成立延年会，参与"百日维新变法"被革职。1903年得端方等推荐，重返政界。1905年，随端方五大臣出洋考察宪政，任参赞。民国成立后，任唐绍仪内阁财政总长。1913年，组织"名流内阁"，任袁世凯政府财政总长、热河都统、国务总理、参议院参政，支持袁世凯撕毁临时约法，签署解散国会命令，不久去职。1917年任段祺瑞政府行政院院长。1928年后，

熊希龄像

任国民党政府赈务委员会委员、中华教育改进社社长、世界红十字会中华总会会长。1937 年病逝于香港。

【章氏评论】

理财总长熊希龄：局度开朗，惟尚欠精细，须加慎密方善。

——《点评各国务员及袁世凯、黎元洪》（1921 年 5 月 15 日）

蔡元培

【人物简介】蔡元培（1868年—1940年），字鹤卿，号孑民，浙江绍兴人。清光绪十五年（1889年）中举，1892年录为进士，后任翰林院编修。1905年参加同盟会，1907年到德国莱比锡大学留学，辛亥革命后弃学回国，1912年出任中华民国教育总长。1917—1927年任北京大学校长，1920—1930年，兼任中法大学校长。1928年国民政府成立后，历任教育行政委员会委员、大学院院长、代理司法部长、国立中央研究院院长等职务。1940年在香港病逝。

蔡元培像

【章氏评论】

教育总长蔡元培：是一好人，所持教育方略，只宜于高等学会，若行之普通教育，则甚为不可。惟有一切实有经验之范源濂辅之，或可免泼汤耳。

——《点评各国务员及袁世凯、黎元洪》（1921 年 5 月 15 日）

吴保初

【人物简介】吴保初（1869年—1913年），字彦复，号君遂，晚号瘿公，安徽庐江人。因家有北山楼，故又称北山先生。与陈三立、谭嗣同、丁惠康赞同维新，时人称为"清末四公子"。是淮军将领、广东水师提督吴长庆之子。光绪十年（1884年），吴长庆患重病，保初驰往侍疾，事闻于朝，特旨褒嘉，且授主事。服丧期满入都，分兵部学习。光绪二十一年（1895年），补授刑部山东司主事，旋派充贵州司主稿、秋审处帮办。光绪三十一年（1905年）东渡日本。党禁和缓，保初始悄然回津，不久即患中风，不问国事。宣统三年（1911年）春南归上海，于民国二年（1913年）春病逝。

吴保初像

【章氏评论】

君讳保初，字彦复，一曰君遂，安徽庐江人也。祖廷香，尝举孝廉方正。考长庆，光绪初官广东水师提督，卒谥武壮。家世知兵，而武壮性好士。君自少时已与贤士大夫游，忼慨矜名，不好苟礼。年十六，武壮如金州，疾甚，渡海省视，刲膺肉以疗，卒不起。直隶总督李鸿章上其事，授主事。除丧，引见，分兵部学习。数岁，补刑部山东司主事，改贵州司。明法审听，勤于吏职，而暇辄召宾客赋诗论时事。新会梁启超以举人留京师，君一见奇之，为扬声公卿间，启超后卒以才名。

光绪二十三年秋，清廷以外患求直言，君上书论朝政，多指斥。尚书刚毅不肯通，遂引疾归。家多田宅，而君雅素不治生产，然好客施与不衰。时山东巡抚袁世凯出武壮门下，义和团乱，清孝钦后挟景帝窜西安，君抵书世凯，劝以桓、文之事。明年复上书，请太后归政，辞指切直。当事忌之，又弗为通，而草稿流传人间，天下以为难。当是时，清政益衰，士人始扼腕言革命。君自以清世臣，不欲言征诛事，然内是之。诸故旧有官禄者渐疏忌君，贫益甚。袁世凯已授直隶总督，招君游天津，月致常廪，而约不得议政事。常郁郁，性不饮酒，时僵卧近妇人，遂病风痹。宣统初，世凯罢，君亦遭母表，归赴江宁。三年秋，武昌兵起，其冬，义师拔江宁。君时依女婿章士钊居，闻南都建民国政府，而世凯亦将移清室，即杜门谢交游，有谒者辄瞠目作病狂状。世凯既就选为民国大总统，君亦竟不与通。民国二年二月卒于上海，年四十五。

乌呼，当清之丧，显官贵人争附和禅让以持禄位者众矣，而君以下吏退官，独拳拳不能忘故主。平生与倡议光复者游不为不多，至是乃更瘖聋，无交欢者。而又明达种族大义，不自处于顽民，斯可谓中清与权矣。岂与夫身历二廷颜色无怍者同日而语哉？遗著有《北山楼集》，皆清时作也。某年某月葬于上海静安寺路。

铭曰：世贵阘茸，长谀谄兮。直道事人，终颡颒兮。彼气既竭，祀已斩兮。稿项无贰，为吏范兮。扈渎之浒，神澹澹兮。

——《清故刑部主事吴保初墓表》

张瑞玑

【人物简介】张瑞玑（1872 年—1927 年），字衡玉，号猚窟野人，晚年人皆称老衡。山西赵城县（今属洪洞县）人。清光绪二十九年（1903 年）进士。光绪三十二年至宣统三年（1906 年—1911 年）历任陕西韩城、兴平、长安、临潼、咸宁等县知县。任职期间，兴办《兴平报》（后改名《兴平星期报》）、《嘅社学报》、《龙门报》、《木铎公报》等报纸，抨击时政。1911 年 10 月陕西起义，成立军政府后，任顾问院长，代行民政长职；同月山西新军起义，成立军政府，受邀返晋，担任财政司长，旋任民政长。1913 年，任国会参议员议员。黎元洪任总统后，任为顾问。1917 年任护法国会参议员议员。1919 年南北议和在上海召开，被推为陕西划界专员。1927 年 12 月病逝于北京。

【章氏评论】

君讳瑞玑，字衡玉，山西赵城人也。曾祖行简，清千总。祖登仕，县学生。考星，辽州训导。清宣统末，南方十二省举兵以黜清，山西、陕西皆应。时大总统袁公以清内阁总理遣使与民国临时政府议和，宣言秦、晋群盗，不与南方革命比，不在议和数。临时政府苦与相持，不能得要领。而北军下山西者，已自娘子关突前，太原凶甚。君时以财政司长致袁公书曰："执事言秦、晋群盗，瑞玑不敢辩。然奉执事令征群盗者，害且百倍于盗，执事视其焚略不禁，是残民也。

逆天下之心，是树敌也。避南军之锋，专攻秦、晋，是示怯也。朝议停战，夕谋进攻，是背盟也。残民不仁，树敌不智，示怯不勇，背盟不信。敬厉兵抽矢，以待执事。"袁公得书，立召其师还，秦、晋得完。当是时，北军势盛，临时大总统孙公愿以位让。而蒙古王公又驰书全国，请推袁公为元首。君再与袁公书镌之曰："大总统者，国民所同推，非一方所得私举。孙公人望所归，天下翕然举为大总统可也，不能以其位私授之人。"及清主退，袁公卒当选，人无敢异议者。而君义声以是动天下。袁公自得二书，已深奇君，下令以君长山西。君已解职去。明年，被选为参议院议员。时被选者，多以馈遗声气得之，君独介然为众乐推，未尝自营也。

君本起州县，以清光绪二十九年成进士，分发陕西，知韩城、兴平、长安、临潼、咸宁五县，皆有声。自八国联军陷京师，所在基督教徒张甚，有狱讼不得直者，主教必强辞为理之。县邑事役，教徒率扞不与，君下教禁讼辞自署教民，有事役无得避。主教怒，以告省大吏。大吏皆密谕君息事，君不为动。凡宰五县，所至，主教必戒其徒曰："谨避强项吏矣。"知长安时，直巡抚幸姬生日，群吏皆贺，君独以疾辞。巡抚不怿曰："适于今日病邪？"徙知临潼，适会城商人以苛征罢市，巡抚百方谕之，不能得。属君为说，君柴立市上，发片语，事立解。然巡抚忌益甚，曰："吾擅方面，乃不如一县令尔。"会所属新丰镇有被劫者，即记君十大过，夺奉三月。未几，捕得盗魁刘光升鞫之，得与同劫及为囊橐者王炳耀、吴晋芳等，皆新军士也。即具狱上谒曰："县所被盗，即帅府所部兵，兵能劫民，下吏夺奉记过固当。"巡抚惨，促竟其事，卒无如君何。在陕西八年，民称张耶，为良吏第一。

及中国同盟会之立，君以宰官私誓焉，与党人景定成等过从甚密。党人或读书县廨，西安将军闻，欲劾之。会武昌倡义，君亦返太原。长财政时，课校出入，无豪忽失纪者。山西财政之起，自君始也。方革命党起时，多自田间来，不习吏事，诸法家又务外铄，不与民意中，未有贞干如君者。而君用卒不竟，属长山西又不就，至于今吏道泯泯，斯亦民国之缺已。

初，君生时，母王太夫人梦巨物绕柱下，人以为龙祥。及长，治学徇敏，应事顾乐易，与昆弟四人友好无间。从政秦中，惠泽周渥，性轻财。既入民国，每国政有变，逋客往来秦、晋者，皆主君所居谁园，将迎馈赆，无不满志以去，盖异乎所谓龙性者。独其在官斩斩，震发百里，使强衙之徒回面奉法。及改革之际，处势亦急矣，而能两折袁公，抑其盈志。后十年，浙江督军卢永祥伪称废督自治，又驰书痛诘之，皆谔谔不为孙辞，《易》所谓有"亢之象"者非邪？扬子云："蚖哉蚖哉，恶睹龙之志也欤！"

君素好学，自陕西归，载书百簏，为北军略夺皆尽。晚又得十万卷储之，戒其子曰："所以遗女亦足矣。"善诗书画，自谓书不如画，画不如诗，诗不如其为人，盖笃论云。自袁氏败后，纲纪愈散，君数驰走南北。尝一至陕西，解客军之难。及孙公薨，遂绝意政事。以民国十六年冬殁，春秋五十有六。明年春，葬城东磨头村。

乡人士德君，为祀之三立阁，配刘夫人。子尔公，以保定军官生，历陕西军署晋绥总司令部参谋，山西清乡督办公署顾问。女适同县王乃寅。余素识君名，然不数见，二十五年一月，尔公辑其遗文得十二卷，因以事状来告。呜呼，拂士也，今不可得已，为表其隧。

——《故参议院议员张君墓表》

黄　兴

【人物简介】黄兴（1874年—1916年），原名轸，字廑午，号克强，湖南善化（今长沙）人。1898年入两湖书院读书，1902年被选派日本留学，不久组织拒俄义勇队。回国后又与陈天华、宋教仁等组兴华会，筹划起义，失败后亡命日本。1905年，被选为同盟会庶务，与孙中山并列，世称"孙黄"。1907年后，参加防城起义、镇南关（今友谊关）起义，钦州、廉州上思起义与云南河口起义。1910年，到香港成立同盟会南方支部，继而领导1911年著名的黄花岗起义。武昌首义成功，赶赴武昌，任革命军战时总司令。中华民国建立，出

黄兴像

任南京临时政府陆军总长。1913 年被推为讨袁军总司令，失败后流亡日本和美国。袁世凯死后回到上海，不久病逝。

【章氏评论】

无公则无民国，有史则有斯人。①

——《**挽黄兴联**》（**1916 年 12 月 20 日**）

民国五年十二月二十日，孙文、唐绍仪、章炳麟、岑春煊、李烈钧、柏文蔚、谭人凤、陈炯明、胡汉民等，谨以玄酒菜香，遣奠黄君克强之灵。

呜呼哀哉！洞庭以南，奇材所并。岷江北亘，大横庚庚。而农首出，言为国屏。《黄书》《噩梦》，除惑解醒。旷三百年，遗兹典型。曾、胡特起，忝尔攸生。烈烈黄君，允文伊武。忔是齐州，而戴索虏。内纠楚材，上告黄祖。趡行万里，瀛海奥阻。有械百梃，有众一旅。同盟初起，揉此兆民。义从荟集，郁如云屯。系君材武，善揗军人。智勇参会，叱咤扬尘。南暨赤道，西讫洮泯。束发受书，悉为党伦。乃临番禺，深入其阓。死士七十，并命和门。气矜之隆，天下归仁。赫赫黎公，振威江夏。寇如犬羊，义师弱寡。弹丸雨注，渚宫为赭。君自南岛，走集其野。坚守三旬，寇疲不暇。群帅反正，虏无存者。南都草创，朔方假器。以彼屠夫，而歆帝制。僭志未伸，民亦小瘳。林、宋既锄，戎心肆。秣陵兴师，三方陵厉。虽知败衄，新我民气。江河异味，唯麦与粳。文化既别，更为柔刚。孰是中原，而忘国常。如彼飞蝇，走热去凉。方君得志，假威昌狂。兵挫亡奔，晋语

---

① 1916 年 10 月 31 日，年方 42 岁的黄兴因胃动脉大出血病逝于上海。消息传出，举国震哀。尽管黄兴曾经与章太炎有过龃龉，但章太炎闻讯后还是十分悲痛，立即撰写挽联一副。

优优。呜呼哀哉！飘风骤雨，势不终朝。三岁克捷，亦覆其巢。遗蘖未翦，俊民萧条。如何我君，既竭贤劳。曾不宿留，以靖桀枭。国亡元老，江汉沮消。呜呼哀哉，乱流未澂，善人缄齿。闻君弥留，不谈国事。遗言满牍，伊谁所志？呜呼哀哉！尚飨。

——《黄克强遣奠辞》（1916 年）

草昧之世，乡党良骏可依也。故汉祖起丰、沛，光武起宛，明之兴自濠、泗间，其时将相有成名者，皆其族姻故人。此如缘阶登高，非其劲捷，所藉便也。至如项王、孙伯符辈，身出将种，宾从亦多矣。而戏下无元功，独以奇材傅侠先人，所过无敌，斯为卓耳。世又愈变，海陆大通，豪杰之士，或往来佻达不常，不依土着而成光复之绩者，有善化黄君。

君讳兴，字克强。初以诸生肄业两湖书院，虽善文艺，而自有大度，非政书方略弗道。直清政衰，言改革者蜂起，君独默然，阴求士人有兵事志略者，亦下交山泽宗帅，欲与计事。久之无所得，游学日本，为师范生。是时，清已丧师，窜西安归矣。而露西亚争东三省益亟，乃纠同学为义勇队，阴习兵法。君独善技击，发铳，随手左右无不穿者，诸生益归君。岁余，复归湖南，得宗帅马福益所将万余人，为画策自湘潭袭长沙。谋泄，君自长沙间关走上海。与清泰兴知县龙璋、同县章士钊、长沙杨毓麟，谋再起，不果。闻香山孙公在日本，复从之游。孙公所部多海滨豪雄，已尝袭番禺，攻惠州，兵解，益与日本诸游学生交。而山阴蔡元培以文儒教于上海，丹徒赵声在军有威信，皆阴部署革命事。君乃与孙公计，集海内外诸志士，为中国同盟会。游学生先后署名者二千余人，内设五部于国中，而以日本东京为枢。始孙公善经画，与学士剑客游，皆乐易，得其欢心，然不能获军吏。至是，东游诸士官皆来会。君尤善抚循，士官人人乐为用，海内始盛称同盟会，以著名籍为荣矣。

君既任改革，复从孙公南抵马来半岛，内走暹、越，南与侨居商人谋军储。商人故多知孙公，闻君言益奋，故馈饷得无乏。凡与同志破黄冈，攻钦州，拔镇南关，下河口，累战皆捷。然兵少，旋悉弃去，往来飘忽，清大吏甚苦之！清宣统初，袁世凯废，张之洞、孙家鼐相继死，所任皆宗室儿童，佻易受赇，朝政日污，吏民皆发愤欲覆清廷。时君所结士官，已稍归国得兵符，或至统制，然散处未有以合也。君以偏方小捷，不足制清廷死命，而军吏猝不可和会，乃思出奇计震动之。与赵声谋，欲集同志奇材百余人，径袭广州，杀清总督张鸣岐，因据会城，号召郡县。谋稍露，侯官人林时塽促君突进，君自香港率百余人度海，持拳铳，直诣总督府，逾短垣，至斋中，索鸣岐不得。门外爆弹以百数，坏前阃，欲逼堂皇，卫兵出格斗。我师败，君亦伤堕指，复前至辕门，从积尸中褫兵军衣被以走。时死者七十二人，余稍稍散归。返至香港，君愤甚，欲自到，同志止之。然自是清吏褫气，闻同盟会名，辄股栗，吴楚间志士，益发舒矣。

后五月，武昌兵起，清起袁世凯，以锐师攻夏口。君自香港归至上海，以银十万版授同志陈其美等，令图下江。而身自诣武昌，到三日，夏口陷。都督黎公，授君总司令，令守汉阳。当是时，武昌兵少，士气熸，自君至，人心始振。会湖南遣军来援，学童裨贩皆赴师。君每战辄以身锋，有不前，即跪稽颡导之。由是士卒感奋，人自为战。既以汉阳蔽遮大江，下江、两广、西南诸部，皆相次反正。清大将冯国璋，奔命击汉阳。汉阳士素不部勒，国璋所将皆选兵，多机关铳，势不敌，月余遂陷。初武昌诸枭将，本同盟会支别也，而名号徽识颇异，皆自谓国勋。君至，陵诸将出其上，诸将不胜忿，特以事亟相推耳。及败，黎公独保任君，讽就江苏乞援，遂行。会苏浙联军攻拔江宁，北廷大慑，与武昌罢兵，南北之势始成矣。

民国元年冬一月，临时大总统孙公就职南京，以君为陆军总长。君素知袁世凯畔换，壹意北伐，然与武昌相失，不能得形势；士论亦汲汲欲仆清廷，与世凯讲解。师次徐州，清亡，南京政府亦解。以君留守南京制兵，及仓猝募选者几十二万，世凯知饷不给，故扼之。数月，留守府亦解。南北既一，政人皆言文治。同盟会议员在都者，以农林总长宋教仁为魁。教仁睹袁氏兵盛，不可与争锋，欲因议会多算以桡之。世凯亦欲树威，使民党厌伏。八月，杀张振武于京师。振武者，武昌首义人也。既死，民党皆震慄。君自上海北谒世凯，归至夏口，见武昌诸将，流涕言："兄弟寻衅，使独夫得志，自今宜相容忍。"皆嗋指愿寻盟，为谗人所尼，盟不就。

明年当大选，海内皆属意黎公，教仁亲诣督府道诚款，既得诺矣。三月，世凯使贼杀教仁于上海。是时孙公知世凯欲兴帝制，说君合东南诸部，速举兵。君欲推法吏治教仁狱，不成，乃以兵继之。议久不决，世凯得阴为备。其要人参谋次长陈宧，谋间黎、黄。君部曲蚹狫者为所动，欲袭武昌劫黎公，黎公亦怒，疏君。冯国璋乃使其婿江南师长陈之骥来。七月，君至江宁，都督程德全以江苏独立，江西、湖南、安徽、广东、福建、四川皆应。时世凯已贷四国金二千五百万镑，资粮有余，则阴赂东南将校为中诇，而君不知，以为殊无往来也。德全既独立，悟之骥诈，先遁。冯国璋至浦口，江宁溃，诸部先后陷，君走日本。自以失机，不欲问世事。孙公怒，责让君甚厉。君惭愤，遂赴美洲。其后世凯僭号，西南诸部倡义讨之，事仅得解，而君亡命已三年矣。君自去国，痛中土日乱，辄发愤欧血，咽喉为嘶。

袁氏既败，君归自美洲，同志迓于黄浦，君墨墨似不能言。居数月，国人议选副总统，同盟会旧人，或为冯国璋游说，议会风靡。君怃然知徒众不龢，复欧血至斗所。民国五年十月三十一日，殁于上海邸中。

君性刚果，而对人媞顺如女子。始以布衣抟合伦党，任天下重，光复之业，自君始力行。用兵不尚诡道，常挺身独进，为士卒先，故能因败为胜，克戡大敌。遭袁氏猜贼，计或失中，借枢于寇，而西南杖义者，其半犹同盟会士也。处势异古，故与项王、孙伯符殊业。其在民国，功比孙、黎矣。君殁时，年四十五。六年四月，以国葬礼襄事于长沙岳麓山。

铭曰：南纪维衡，上摩玄苍。厥生巨灵，恢禹之疆。发迹自楚，命畴大荒。行师龙变，阖开不常。广宣汉威，莫我抗行。十叶之房，若炊而僵。国难未艾，神奸猦狂。元功中圮，何天之盲？中兴虩虩，宠赂犹章。瓹怒喷血，瘝此献萌。死为鬼雄，以承炎黄。

右《墓志铭》一通，黄君临终时属余为之，其书则属荼陵谭延闿。葬时冯国璋方得志，延闿不敢书，故未上石。七年十一月识。

——《勋一位前陆军部总长黄君墓志铭》

柏文蔚

【人物简介】柏文蔚（1876年—1947年），字烈武，安徽寿县人。21岁中秀才。1900年与赵声等在南京组织强国会。1905年与陈独秀等成立岳王会，加入中国同盟会。与孙毓筠等谋炸两广总督端方，事败走东北。武昌起义时，到秣陵关联络第九镇新军攻南京。南京光复后任革命军第一军军长，兼北伐联军总指挥。1913年7月宣布独立，参加讨袁运动。失败后走日本、南洋。1917年回国，任川鄂联军总指挥。1920年，改任鄂西靖国军总司令。次年，任长江上游招讨使。1923年，任建国军第二军长。次年，当选为国民党"一大"中央执行

柏文蔚像

委员。1926 年，任北伐军第三十三军军长。1927 年，通电反蒋，迫蒋介石下野。后蒋复职，免去其军长职，任以北路宣慰使，遂退居南京。1930 年后历任国民政府委员、国民党中央执行委员等职。1947年病逝于上海。

【章氏评论】

柏文蔚：近于无能，不通事理，且无一定主义，不能独立处事。

——《评南省四督》（1913 年 6 月 7 日）

秦力山

【人物简介】秦力山（1878年—1906年），原名鼎彝，亦名邮，别名遁公、巩黄，字力三，一字力山。湖南长沙人。1897年入长沙时务学堂，师事谭嗣同，参加南学会。1899年赴日本就读于梁启超主持的东京高等大同学校。1900年至武汉参加唐才常的自力军，被任为前军统领，与林圭在安徽大通起事，失败后到新加坡，再至日本，追随孙中山走上革命道路。1902年与章太炎等发起支那亡国纪念会。1905年经缅甸入云南从事革命活动，次年冬10月11日病逝于干崖。

【章氏评论】

秦力山初名鼎彝，字力三，故江苏吴人。父文丙，客食湖南，遂寄籍为长沙人。力山少慧，为文数千言立就。尝师浏阳谭嗣同，入南学会。未弱冠，补县学生。督学徐仁铸奇其才，遣游学日本。八国联军陷京师之岁，唐才常谋起兵汉上，力山与同学林圭、蔡中浩、毕永年归赴之。被推安徽后军统领，将缉私水师巡防诸营，据大通盐局，与芜湖防军相持七昼夜，兵败走免。督部营务处陶森甲独保持之，得返日本。而才常与圭等皆死武昌。力山日欧血数升，虽病，志未尝挫。才常者本与梁启超合谋，启超时在日本横滨，军兴馈饷皆关其手。力山亡命贫困，求假贷，不与，力山亦以才常起兵用勤王号，名义不顺，欲力振刷之，遂与启超绝。

自作《少年日报》，道汉族自主义。时香山孙公方客横滨，中外多识其名者，而游学生疑孙公骁桀难近，不与通。力山独先往谒之，会余亦至。孙公十日率一至东京，陈义斩斩，相与语，欢甚，知其非才常辈人也。诸生闻孙公无忤犷状，亦渐与亲，种族大义始震播横舍间，余与力山起中夏亡国二百四十二年纪念会，和者虽不广，亦不怪也。沧州张溥时年二十，游学与力山同舍，力山独伟视溥，为余言状，余因得与溥交，溥即今张继云。自是力山或在日本，或微行入皖南，谋再举。数年，孙公与黄兴等集中国同盟会于东京，以力山主安徽事。力山至安庆，与巡抚卫队营管带孙道毅结，谋自安庆下薄江宁，据形便为根本。事泄，亡奔香港，复以言撄主者怒。西去，与胡汉民之仰光，而腾越张成清自密只那来会，为序其《缅甸亡国史》。力山既遭名捕，不得返中国，业避地仰光，乃客干崖土司刁安仁所。时往来野人山，短衣负铳，为其民道汉族光复事，冀藉边裔为窟宅，因以倡义。安仁故夷种，亦本离中国自立，力山数诮之，然终知其不为己用，时作乐府道悲愤，往往若自嘲者。久之，果为安仁所害。

及武昌倡义，云南应之，而力山不逮见矣。安仁集诸土司，揭旗称兴夷灭汉，师长李根源自腾越遣使莅问，安仁窘，诣南都自归。云南发其叛迹及杀力山状，乃锢之陆军狱。数月，传至京师，病死。根源已定干崖，求力山尸不得，为立祠腾越，与云南死难者并祀焉。无子，以弟钧彝之子修竹为嗣。

赞曰：孙公之在东国，羽翮未具，力山独先与游。自尔群士辐凑，岁逾百人。同盟会之立，斯实为维首焉。及谋举江宁不成，窜迹蛮左，不忘奋飞，岂谓藉是可以定大业哉？亦致命遂志而已。抱奇无施，卒遭阴贼，悲夫！

——《秦力三传》

陈炯明

【人物简介】陈炯明（1878年—1933年），原名捷，字赞之，又字竞存，广东海丰人。1895年中秀才，1906年就读于广东法政学堂。1909年加入同盟会。1910年参加广州新军起义联络工作。广东军政府成立后，被推为副都督，旋代都督。1917年参加护法运动，任援闽粤军总司令，奉孙中山之命进军福建，占领闽西南的汀州、漳州、龙岩等地，建立"闽南护法区"。1920年8月率粤军回粤，打败盘踞广东的桂系军阀，被任命为广东省省长兼粤军总司令。1921年5月被任命为中华民国政府陆军部总长兼内务部总长，积极参与"联省自治"运动。次年6月16日，所部叶举、洪兆麟等发动武装叛乱，炮

陈炯明像

轰总统府和粤秀楼。同年 8 月 15 日，回广州任粤军总司令。1923 年 1 月被滇、桂、粤联军击败，率部退守东江。1925 年，所部被革命军两次东征击溃后，避居香港。1933 年 9 月 22 日在香港病逝。

【章氏评论】

君讳炯明，字竞存，广东海丰人。清末以县学生卒业广东法政学堂，选咨议局议员。黄兴、赵声等谋攻督署，君与焉。事败，避居九龙。武昌倡义，君率邓铿、林激真遥应之。师薄惠州，提督秦秉直以洪兆麟等七管带降。进驻广州，以副都督佐胡汉民治事。会汉民从孙公赴南京，君署都督事，遣散民军以万数，百姓大安。汉民返，副之如故。广中好搏博，品类繁甚，君自充议员时已建议禁绝，及是遂廓清焉。

民国二年，以兵抗袁氏，败走新嘉坡。袁氏亡，龙济光犹据广东，君与莫擎宇起东江。济光去，君如京师，谒大总统黎公也，即拜定威将军，授勋二位。六年，护法军起，海军总长程璧光以孙公及君南下。到番禺，孙公开府，称大元帅，自是广东有军政府。时督军陈炳焜，广西人，与土著不洽。省长朱庆澜举警卫军二十营授君，去攻福建，下龙溪。龙溪者，旧漳州治。君设屯营郭下，整市政，兴文学，漳人归心焉。两广久相失，孙公去，众推广西人岑春煊主之，军民互猜，朝夕待变。九年夏，君自龙溪还师，军政府人皆散走，被推广东督军。时孙公尚退居上海，闻胜复归。明年，国会议员在广中者倡议选孙公为临时大总统，君弗顺，议员相为至破额，事卒就。君再举兵攻广西，拔南宁，广西皆下。十一年，孙公谋北伐，君以兵力未充辞。孙公疑君有他志，阴令部将以手铳伺君，其人弗忍，事稍泄。其夏，孙公竟出军攻江西，身赴韶关督师。或言陈氏终为患。孙公返，免君职，宣言以绿气攻异军。君时在惠阳，旧部叶举袭孙公于会城。孙公走，君复称督军。其冬，滇桂军在广东者复攻君去，迎孙公归，自是交兵三年。及孙公薨，君亦旋败。时议者谓君知临时总统非法，宜一意拒之。业已屈从，又举兵为雌雄，于德为二三。按自黎公蒙难，法统中圮，孙公尸大名以篡之，固不得已。其后黎公已复位，而孙公犹称号自若，名义不可说已。且是时君已免职，与孙公义绝，谓君报怨泰甚，与曩复军政府同过可也，必以后者为逆，无乃昧名分、违比类耶？

君既败，出居香港数岁。倭破关东，君如天津舰国。倭人或说君与同谋，君言返我东三省，我即与若通好，非是无可语者。二十二年九月，卒于香港。遗言以五色旗覆尸，示不忘民国也。君卒后，家贫几不能备棺殓，义故助之，始成丧。于是知君清操绝于时人，于广中弥不可得已。嗣子定复以毁卒，明年□月返葬□□。君自复两假政府，有骁名，人莫敢近，卒落魄以死。余独伤其不幸，以恶名见巇，故平议其而为之铭。

铭曰：定威桀才，宽猛有章。搁然授兵，莫我犯行。主从相失，维国之殃。一朝弗忍，终以两伤。彼索垢者，成其痾创。党伐之论，君子弗将。乌乎！包胥伍员，思各视其所尚也欤？

——《定威将军陈君墓志铭》（1934 年 9 月）

胡汉民

【人物简介】胡汉民（1879年—1936年），字展堂，广东番禺（今广州）人。1905年加入中国同盟会，被推为评议部评议员，后由孙中山指定任本部秘书。1911年11月广东独立时被推为广东都督，12月随孙中山至南京，任中华民国临时大总统府秘书长。1912年4月在孙中山支持下再任广东都督。1914年5月加入中华革命党，任政治部长。1917年9月任中华民国军政府交通总长。1921年任广州中华民国政府总参议兼文官长、政治部长。"六一六兵变"后，协助孙中山讨伐陈炯明。1923年任办理和平统一事宜全权代表，6月任中华

胡汉民像

民国军政府陆海军大本营总参议。1924 年 1 月被孙中山指定为国民党"一大"主席团主席之一，当选为中国国民党中央执行委员，会后主持上海执行部；5 月奉命回粤，代理大本营事务，兼任黄埔军校教官；9 月代行大元帅职权，留守广州；10 月兼任广东省长。1925 年 7 月，任广州国民政府外交部部长，同年 9 月因涉嫌"廖仲恺案"，被派赴苏联考察。1927 年 4 月，任南京国民政府主席，不久在"宁汉合流"前辞职。次年改任立法院长。1931 年 2 月，遭蒋介石软禁，10 月获释，后定居香港，成为西南实力派反蒋的精神领袖。1935 年当选中国国民党中央常务委员会主席。1936 年 5 月 12 日在广州病逝。

【章氏评论】

胡汉民：学问在四督中为第二，拙于用兵，性质狡黠，有种种手段。

——《评南省四督》（**1913 年 6 月 7 日**）

君真是介甫后身，举世谁知新法便；

我但学茂弘弹指，九泉应笑老儒迂。

——《挽胡汉命联》（**1936 年 5 月 25 日**）

谭延闿

【人物简介】谭延闿（1880 年—1930 年），字组庵，号畏三，湖南茶陵人。1904 年中进士，授翰林院编修。1909 年任湖南咨议局议长。1911 年参加各省咨议局联合会第二次会议，任会议主席；同年10 月 22 日长沙起义胜利，成立军政府，任湖南省参议院院长、民政部长，后被推举为湖南都督。1912 年加入国民党，任湖南支部长。1917 年响应孙中山的护法号召，在桂系支持下当上湖南督军兼省长、湘军总司令。1923 年 3 月任中华民国军政府陆海军大本营内政部长，5 月任建设部长，7 月任湖南省长兼湘军总司令，组织北伐讨贼湘军。

谭延闿像

1924 年 1 月参加国民党"一大",当选为中央执行委员,后任大本营代秘书长;同年 10 月兼任建国军北伐总司令,11 月奉孙中山命全权办理北伐事宜。1925 年任国民政府常务委员兼军事委员会委员、国民革命军第二军军长。1926 年代理国民政府主席、国民党中央政治委员会主席等职。1930 年 9 月 22 日在南京病逝。

【章氏评论】

谭延阖:进士出身,学问冠于四督,乃文人而非武人,人物颇好,可适为国会议长。

——《评南省四督》(1913 年 6 月 7 日)

宋教仁

【人物简介】宋教仁（1882年—1913年），原名炼，字遁初，号渔文，湖南桃源人。1903年入武昌文普通学堂学习。1904年分别与吕大森、黄兴等组织湖北科学补习所和华兴会等革命团体，策动起义未成，流亡日本，入东京弘文学校、早稻田大学留学习法政。1905年创办《二十世纪之支那》杂志，协助孙中山组织中国同盟会，任同盟会司法部检事长，又改《二十世纪之支那》为《民报》，作为同盟会机关报。1911年初，回上海，任《民主报》主笔。次年与谭人凤、焦达峰等在上海成立同盟会中部总部，组织长江流域各省起义。武昌

宋教仁像

起义后，协助湖北军政府办理外交，起草《鄂州临时约法》。1912年南京临时政府成立，任法制院院长，参与南北议和，临时政府北迁后，任农林总长。同年8月，将同盟会改组为国民党，任代理理事长，提出"责任内阁制"和政党政治，以限制袁世凯专权。1913年3月20日，被袁世凯指使特务暗杀于沪宁车站。

【章氏评论】

今日各省代表，认武昌为中央政府，已无异论。而下江浮议，有欲待孙君归国始正名号者，此无异儿童之见。方今惟望早建政府，速推首领，则内部减一日之梦乱，外人少一日之觊觎。初起倡议者黎公，力拒北军者黄公，今之人望，舍此焉适？元帅、副元帅之号，惟二公得居之。至虏廷倾覆以还，由国会选大总统，或应别求明德耳。处今日而待孙君归国，始定名号，何异待豹胎麟脯而后食耶？前观孙君电报，属意黎公，明其自知分量，不争权位，丰覃乎有克让之风，孙并拥袁，则由久处海外，未悉域中人物耳。而昧者反欲推孙，抑何不晓事机也。域中搢绅之士，多未与孙君识面，心仪其人，以为希世之杰，度孙君亦未必愿受此名也。如仆所观：孙君长于论议，此盖元老之才，不应屈之以任职事。至于建置内阁，仆则首推宋君教仁，堪为宰辅，观其智略有余，而小心谨慎，能知政事大体，虽未及子房、文终，亦伯仲于房、杜。昔在东方，尝以江左夷吾相许；今其成效粲然，卒为功首，犹复劳心综核，受善若虚，上宰之任，不患无人矣。恐海内同伦，未知名实，特假文辞之便，以为月旦之评，愿他日不乖举措，得置中华民国于磐石之安也。

......

鄙人本非在位，今以一人之见，品藻时贤：谓总理莫宜于宋教仁，邮传莫宜于汤寿潜，学部莫且于蔡元培；其张謇任财政，伍廷芳任外交，则皆众所公推，不待论也。海陆军主干者，军人中当有所推，非儒人所能定。若求法部，惟有仍任沈家本，为能斟酌适宜耳。诸妄主新律者，皆削趾适屦之见，虎皮蒙马之形，未知法律本依习惯而生，非可比傅他方成典。故从前主张新律者，未有一人可用。

——节选自《民国报》第 2 号（1911 年 12 月 1 日）

炳麟不佞，七年与君子同游，钧石之重，凤所推毂。如何苍天，前我名世！殂殁之夕，犹口念鄙生，非诚心相应，胡彷感于万里哉？即日去官奔赴，躬与执绋，拜持羽扇，君所好也。若犹有知，当见颜色！

——《宋教仁哀辞》（1913 年 3 月）

吾友桃源宋渔父，当世卓荦之士也。始，同盟会兴，从事者贸贸然未有所适，或据岭海偏隅以相震耀，卒无所就其谋。自长江中流起者，则渔父与谭石屏策为多。武昌倡义，卒仆清廷，而渔父亦有宰相之望，惜其才高而度量不能尽副，以遇横祸。今渔父殁已七年矣，遗事未著，其乡人为刻自述一篇，署曰《我之历史》，盖渔父存时所题也。由是平生经画之迹，粲然著明。余闻其事而为之快。时适以胆热致病，思虑湮郁，不能为言辞。会石屏亦以温死，悲悼气结，自谓将就木矣。病二三月，少间，思渔父事，又若耿耿不能忘者。乃略抒胸腔，为题其端。渔父之才，世人所知也；其功，世人不尽知也。民国九年五月，章炳麟。

——《宋教仁〈我之历史〉序》（1920 年 5 月）

1913 年 3 月 20 日，宋教仁在上海火车站遇刺。 同年 6 月落葬，称"宋公园"（1946 年改名教仁公园，1950 年改称闸北公园）。 宋墓由石像碑座和墓寝组成。 宋教仁坐像底座正面刻两字，系章太炎篆书"渔父"，背刻唐宝忠所书于右任撰宋教仁诔文

李烈钧

【人物简介】李烈钧（1882 年—1946 年），原名烈训，字协和，别号侠黄，江西武宁人。1902 年考入江西武备学堂，1904 年以公费留学日本，初入振武学校，后转入士官学校。1907 年加入中国同盟会。武昌起义爆发时，被推为江西都督府总参谋长、海陆军总司令。旋率舰队援安庆，被推为安徽都督；再援武昌，被任为苏皖粤鄂赣五省联军总司令。1912 年 3 月被江西各界推为都督，在宋教仁被刺后反袁，被免职。1915 年底潜入云南，参与发动护国战争，任护国军第二军总司令，转战于滇、桂、粤等省。1917 年 9 月，被孙中山特任

李烈钧像

为中华民国军政府参谋总长。1923 年 1 月 19 日与胡汉民等被孙中山委任全权代行大总统职权，3 月 17 日被孙中山特任为闽赣边防督办，10 月 28 日任中华民国军政府陆海军大本营参谋长。1924 年 1 月当选为国民党"一大"中央执行委员，9 月被孙中山特派往日本联络日本朝野人士以发起亚洲大同盟。1925 年孙中山卧病北京期间侍奉在侧，参与主办丧事。1928 年后仍为国民党中央委员、国民政府委员。1946 年在重庆病逝。

【章氏评论】

李烈钧：四督中最有才干，且长于用兵，但学问不多，可惜！

——《评南省四督》（1913 年 6 月 7 日）

唐继尧

【人物简介】唐继尧（1883 年—1927 年），字蓂赓，云南会泽人。滇军创始人与领导者。早年留学日本，就读东京振武学校，入日本陆军士官学校。民国四年（1915 年）底，与蔡锷、李烈钧等联合宣布云南独立，组成护国军政府，自任中华民国护国军第三军总司令。民国六年（1917 年）任护法运动靖国联军总司令、元帅。护国战争结束后，任云南督军兼省长。执政十余年，创办大学，兴建铁路，开设兵工厂。民国十六年（1927 年）病逝。国民政府感念护国之功，补行国葬。

唐继尧像

【章氏评论】

旷代论滇士，吾思杨一清。中垣消薄蚀，东胜托干城。形势稍殊昔，安危亦异情。愿君恢霸略，不必讳从横。

兵气连吴会，偏安问汉图。江源初发迹，夏渚昔论都。直北余逋寇，当关岂一夫？许将筹箸事，还报赤松无？

——《自毕节赴巴留别唐元帅》（1917 年，刊 1923 年《华国月刊》第 1 卷第 2 期）

功似周绛侯，才似李西平，僭制已除，独秉义心尊奥主；

燕昭晚求仙，齐桓晚好内，雄图虽蹶，终于民国是完人。

——《挽唐继尧联》（1927 年 5 月 23 日）

【说明】 袁世凯死后，段祺瑞执政，他以国务总理把持北洋军政府，拒绝恢复"临时约法"和召开旧国会。1917 年，孙中山、章太炎等加紧展开护法斗争。5 月下旬，孙、章联合致电西南军阀唐继尧，劝他团结西南力量，出师护法。广州军政府成立初，阻力很大，特别是西南军阀唐继尧、广西军阀陆荣廷等，抵制和干扰军政府，拒不担任所委军政府海陆军元帅职。章太炎先曾受唐继尧之邀，去西南观察军容，后因故未去；不久任军政府秘书长，"戒期西行"。1917 年 9 月 13 日，章太炎被孙中山委以全权代表，与议员 5 人赍送元帅印信，由香港起程，自越南转昆明。9 月 26 日，一行人抵达昆明。章太炎力劝唐接受元帅职，受军政府节度，支持护法，发兵东下，与广东护法军会合北伐。但唐始终不受元帅职，仅答应可以北伐，后又"托故不出"。10 月 7 日，唐始接受，具礼受印证。（《太炎先生自定年谱》）唐虽接受了元帅职，但在他的行文号令中，始终自称滇黔靖国联军总司令，不肯改称元帅。

孙传芳

【人物简介】孙传芳（1885年—1935年），字馨远，山东泰安人。直系军阀首领，与张作霖、吴佩孚并称"北洋三大军阀"，号称"东南王"，是直系后期最具实力的大军阀。孙传芳幼年孤苦，寄人篱下，光绪三十年（1904年）赴日本留学，光绪三十四年（1908年）毕业于日本陆军士官学校。宣统元年（1909年）回国后历任北洋陆军营长、团长、旅长等职。民国十四年（1925年）10月起兵驱逐苏皖等地奉系军阀势力，同年11月在南京宣布成立浙、闽、苏、皖、赣五省联军，任五省联军总司令。民国十六年（1927年）2月组织兵力阻

孙传芳像

止国民革命军北伐，主力军消耗殆尽一蹶不振。1931 年九一八事变后，孙传芳隐居天津佛堂，拒绝冈村宁次邀请其做华北伪政府主席的要求。1935 年 11 月 13 日，孙传芳被施剑翘刺杀身亡。

【章氏评论】

君讳传芳，字馨远，山东泰安人。弱冠以北洋武备生选送日本士官学校，入中国同盟会，与同舍生腾越李根源、衡山赵恒惕相重也。同盟之议，要在保国族、却异类，君受之二十年不移。其统江苏，施从滨以白俄六千人自济南来战，君覆之固镇，获从滨及白俄酋长聂洽也夫，即斩以徇，曰毋令人以异族自残也。后为南军所迫，退济南，所统尚四万人。□□驻青岛领事，请以二师助收失地，自誓不责报，使者三至，君惩宋明所以亡，力谢之，竟败不悔。此可谓不食言于同盟会者。然卒为从滨女撝击以殁，子复父仇，于经律议论固多，而君之戮从滨，其为义刑，亦章章矣。

君性英拔，用兵善以少制众。与人言，吐辞逢涌，至移晷不休。自士官得业归，由北洋第二师教练官，累迁第六团团长。民国三年，河南流贼白朗宣为乱，官军数创，朝命五省会剿。贼日行逾一百里，步骑不能及。君乘大雨倍道驰击之，歼其众商城，朗宣走。由是知名，累迁至师长，累任蒲咸、施宜、新嘉、蒲通等警备司令、长江上游总司令。旋督理闽浙军务，擢闽浙巡阅使，补陆军上将，授恪威上将军，总浙闽苏皖赣五省军务。在浙江、江苏各一年，未尝以饷细加税。为浙江偿旧负三百余万，为江苏偿旧负九百余万，省江苏军费月五十万，整理公债七百万，除苛税十数种。自民国兴以来，节用利民，群帅未有如君者。后虽破败，吴越阅德之不忘。

其破从滨也，以山东淮徐父老请，时白俄聂洽也夫及卜克斯、聂嘉佛三人，皆善御铁甲车，从滨以山东军长荐之督理张宗昌，成铁甲车队五，募白俄六千人隶之，挟汉军南下。白俄日夜杀人淫略，淮泗间鲜得免者。君以二万人御之固镇，兵未交，民伺间椎破铁道，敌至，君纵两翼包之，以重炮当其前，铁甲车尽崩，兵车在后者三列，皆退相撞击不能止。即以两翼左右逐射，大破之，民观者夹道皆付鼓称庆，遂俘从滨及聂洽也夫以归。君悉纵所俘将士，独斩二人。当是时，山东民求乘胜下济南，君未应，然白俄军自此废矣。世皆以此三事多君，乃其攘除羶秽，未有如破固镇之烈也。

自民国兴，同盟会数变名号，或合或分，疏遰者至不能举其契。及南方联军起广东，其始本同盟大宗，然去初集会时已远。后进谂轻，以旧同志相侮。君既破从滨，势日盛，始兼总五省军务，吴楚间皆仰以为伯主，而广东势亦转张，尝遣使求和亲，亦不知君雅素也。

君以广东人共产邪谋，赤俄鲍罗廷、加伦又阴为之主，非旧义，纪之。南军已破汉阳，君驰救，师出九江与战，为所乘，返至江宁，知上游不可守，始屈志求援张作霖。作霖使宗昌及褚玉璞以十万人来援，师不整，竟以此败，江南尽陷。却而北，相持半岁，君复以孤军济江，战数捷，师次龙潭，后继不至，而退入山东，为宗昌筑大汶口防，费百余万。君屯其西，属宗昌自为守，转战方剧，而大汶口陷，遂旋师。

其拒□□领事也，引前大总统黎公语："沦于异族，不如屈于同胞。"以告作霖。作霖亦听君言，班师出渝关，至皇姑屯，为□□伏贼击死。凡事利钝诚不可豫规。而君能以其志使作霖与知大义，可谓爱人以德者矣。

君既解兵，走之沈阳，居四年，日本破沈阳，乃还天津，以奉佛自晦，未尝谈国事。又四年，二十四年冬，听说法于居士林，遇从滨女，发弹自脊贯胸而卒，年五十一。

配张夫人，继配周夫人，子男四：家震、家钧、家裕、家勤，女子子三。明年四月，返葬泰安。君存时尝语其子曰："吾治兵，能同甘苦，坚约束，尝思奋身以徇国家。时不我会，未尝以一矢加敌国，是为恨耳。"他所建善政尚众，以其大节尽依同盟会义，而子姓将佐不悉知，故特著其风概，与其志行所由立者。铭曰：

彼虎贲兮，龙翰之人兮，扶桑之孙兮，虽才桀而非吾族兮，宁杀敌以庇民，不求援以苟存。故上刑有所必用，而兵略有所不循。丁神州之幅裂兮，乌虖欲宜力而无因。伊浊世无正则兮，女休发于凶门。信直道之在躬兮，虽横尸何足以云云。

——《孙传芳墓志》（1935 年）

焦达峰

【人物简介】焦达峰（1887年—1911年），原名大鹏，字鞠荪。湖南浏阳人。1904年加入哥老会，1906年留学日本，加入同盟人。1907年被推为同盟会调查部长，并与张百祥、孙武等在日本成立共进会。1909年回国在汉口设立共进会总部。1911年武昌起义后，与陈作新组织湖南会党与新军响应，攻占长沙，成立湖南军政府，被推为都督。10月31日立宪派谭延闿策动新军管带梅馨发动政变，与陈作新同时被害。

【章氏评论】

焦达峰，初名大鹏，字鞠荪，湖南浏阳人。在长沙，或称焦煜。而之日本，自署焦达峰，故世称达峰云。少豪健，每读书塾中散归，辄集儿童为两部，决战。己不胜，必复之，敌溃然后已。年十五，入浏阳学堂。浏阳先有谭嗣同、唐才常，以牾贵幸及起兵死。达峰闻人道其事，必怒目抵案而立。持论刚断，不苟言，竞走蹴鞠皆兼人，校中戏呼之曰谭唐，或拟以俾斯麦克、纳尔逊，亦不让也。

年十九，东游日本，与乡人禹之谟善，缘是入中国同盟会，首领黄兴等未之奇也。欲习陆军，格于例，乃入东斌学校，讲戎事。几二年，同盟会成立已三岁。集才多，然未有所用。时转掠边徼，不能为利害。及徐锡麟杀恩铭，天下震动，锡麟又非同盟会人也。达峰则与四川张百祥、江西邓文㧑、湖北孙武等集共进会，和者数十人，多山泽豪帅与手臂技击之士，期就腹地以勇气振之。而达峰游学未返，占名同盟尚如故。时兴自交趾来，问达峰何故立异，答言："同盟会举趾舒缓，故以是赴急，非敢异也。"兴曰："如是，革命有二统，二统将谁为正？"达峰笑曰："兵未起，何急也？异日公功盛，我则附公。我功盛，公亦当附我。"兴爽然无以难也。兴就大森起体育会，达峰亦赴之。

会清新主立，袁世凯罢归。达峰知势可乘，遂返。明年三月，抵夏口，始立共进会总统，分在武昌，江汉间附者甚众。七月，返至湘东，更名左耀国，集浏阳、醴陵、萍乡诸豪，内设部长沙。明年三月，以军法部勒其众，所统已千数百人矣。九月，复与杨任、余华禄等遍通常德、辰、沅宗帅，众益盛。明年春，至夏口。汉上诸子期以秋操起兵，患北军自武胜关径下，欲长沙先发，武昌应之。咨于达峰，达峰曰："长沙发难易耳。然十日武昌不应，我必击武昌。"皆诺。亦以武昌先长沙应要达峰，达峰亦诺。自是湖北军官蔡济民等多赴共进会立盟誓矣。五月，达峰与陈作新说长沙新军及巡防营倡义，皆受约。其秋八月十九日，武昌以谋泄先发，檄到，达峰欲如十日期，众犹豫，时清军已骆驿度武胜关，湖南巡防统领黄忠浩谋以师北上应之。达峰愤急曰："中国废兴在今日矣，尚观望耶？"九月朔，自统新军攻小吴门，令陈作新攻北门，遇巡防军，即探白布绾其臂，皆笑受之，遂入据军械局。巡抚余诚格走，忠浩不降，杀之。明日，就咨议局举帅，以达峰充都督，作新副。达峰集党财四岁，上溯湘，下沿汉，义从如墙，清吏不能禽制。微达峰坚诺，武昌固不敢动。湘军起，又与夏口结言相应，于发难功最高。视事数日，议出师援武昌，以第四十九标为前列，以第五十标与巡防营番上，而急练民军承其乏。计定，请辞职北征，众未听。

初，衡湘间多贵族子，达峰以寒微起为帅，参佐大抵椎少文，搢绅间独龙璋与善，佗多嫉之，知达峰誉闻狭，可动，则以术挠其庆赏，而扬言武昌济饷数十万，达峰持不下。又新军有功不迁官，将尽黜，用激怒其众。标统梅馨忿，九日，密谋于求忠学堂。明日，市中小骚，作新单骑行视，即马上击杀之，断其头，遂引兵攻督府。达峰困，请拜军旗而死，许之，拜起，杀焉。乃推故咨议局议长谭延闿为督，众始定。竟不执何馨，故湖南北颇有异论。

后十余岁，馨失兵居上海，患乳痈，将死，达峰义故邓玉麟往视，曰："得无焦公为厉耶？"馨叹曰："当时直为人作猎狗耳。"达峰死，时年二十五六矣，延闿葬之岳麓山。民国五年，刘人熙督湖南，始立石冢，上曰"浏水堕泪之碑"。诸述达峰事者，率承变乱时所录。后起势盛，故人多雷同，其语绝谩。余以身在日本所见，及孙武、邓玉麟、李根源所述，谭人凤所记，兼摭吴慰祖李某所作事略，校其同异，为之传。

赞曰：达峰年少蹶起，义屈元耆，而其言卒中。智勇仁强，实出侪辈上。故能平行湘汉，制其锦毂，桀然为义师树枢，盛哉！斯陈、项之亚已。夫首义者固多强死，衔辔不整，陈王且有庄贾之祸，又况于余子？重以民党日偷，恶直上谀，扬浮名，没实功，达峰已死，而后来者掩以为上勋，众口幡幡，又曷足校哉？

—— 《焦达峰传》

自清末以至民国，称为革命之雄，于世绝无訾议者，盖三人而已。浙之徐锡麟、苏之赵声、湘之焦达峰是也。徐事最烈，赵才最大，焦功最高。徐、赵事已有记录，而焦不幸被奸人倒戈以死，世几以刍狗视之。昔谭石屏存时，曾力陈焦君之功，以为举世莫二。石屏没后，武昌倡义诸子，犹能道其遗事。若不及今纪载，将使元功盛业，泯没不传。唯愿与焦君同志、同事者，各将当时事迹开列前来，辞不厌详，事须从实，当据此作传一通，以发潜德之幽光，而彰不朽之盛事。章炳麟白。

　　——《征求焦达峰遗事启》（《制言》第七期，1935 年 12 月 16 日）

焦达峰墓，位于岳麓山麓山寺东侧禹王碑下方，黄兴墓的北侧。墓冢后立汉白玉墓碑三通，主碑阴刻楷书墓名"陆军上将光复湖南大都督焦公达峰之墓"。墓园下方建有石围栏，留南北两个入口，北入口石柱上刻墓联："大翼垂天九万里；长松拔地五千年。"南入口石柱上刻墓联："无大牺牲心，何能发难；有少成败见，岂足论人。"墓园内还有一通三角形石碑，碑首浮雕中华民国国旗、国徽，碑身阴刻草书"浏水堕泪之碑"碑名，由刘人熙题书。碑的两侧阴刻嵌字对联："达向九霄云路近，峰连五岳众山低。"

胡景翼

【人物简介】胡景翼（1892年—1925年），字笠僧，又作励生、丽生。陕西富平人。早年入西安健本学堂，1910年加入中国同盟会，1911年武昌起义时，在陕西举兵响应，任第一标统带。在耀县组织起义失败后流亡到日本。1915年护国战争时期奉派回国。1917年护法战争期间加入于右任在陕西组织的靖国军，任第四路司令。1920年直皖战争后被直系收编为陕军第一师。直奉战争期间所部驻在彰德—顺德一线。1924年10月第二次直奉战争期间，又暗与冯玉祥、孙岳联合倒直，发动北京政变。后与冯、孙组织国民军，任副司令兼第二军军长。11月，任河南军务督办。1925年4月病逝于开封。

【章氏评论】

胡景翼，字笠僧，一曰励生，陕西富平人也。少读书，闻清季受创四裔事，画鹰，日射之。大言自负，人以为狂生。年十五，入西安健本学校。读《孙子》及古名将相传，慕明中山王徐达为人，因自号中山。清宣统二年，因井勿幕、于右任、宋元恺入中国同盟会。陕西民党多文士，而景翼独发议与耆帅刀客交。旋与同舍生李仲三、冯毓东等密盟于小雁塔寺，出入同蒲，窥关河阨塞。尤善手臂，义故多乡之。明年春，复盟于雁塔寺。其秋，武昌兵起，陕西应之，推张凤翙复汉军大统领，景翼亦率王守身、马正德、胡彦海等起耀州药王山，被任第一标统带。时勿幕为陕北安抚招讨使，屯三原，遂率其众从。

会山西民军失利，勿幕往救。而升允以甘肃军来攻，进至三水淳化间，势张甚。景翼率部应战，遇之张户原。械少，鏖战终日，未进食。突进，遂破之。返营疾呼取饮，立尽半缶。陕西自是安。

民国元年，勿幕请解兵，陕北诸部悉愿属景翼。景翼自以年少学未就，不敢当，与张义安等赴日本，入成城学校。会漠北蒙古拒命，游学诸生大愤，请景翼归任征讨事。至上海，知政府无远略，乃已。二年夏，黄兴以宋教仁被杀事起兵讨袁氏，约陕西诸军为应，不能得。景翼闻之，叹曰："陕军若出关据洛、郑为调人，事尚可为。今如此，必助长袁氏势，天下自此多事矣。"三年一月，复游日本。时民党多亡命东京，置浩然社，肄兵，景翼亦入社，得遍识南北才杰。数月归，因谒前临时大总统孙公。孙公属以西事，曰："他日当给若数万金。"景翼笑曰："数万金无益，我有精神，无不济也。"孙公益奇之。

初，河南豪帅白朗宣入陕西，袁世凯令陆建章驰击，事定，建章裁陕西军略尽，唯陈树藩破白朗宣功多，所部第四混成旅得不废。景翼归，请入旅部教导营军官连，树藩甚重之。毕业，累迁游击营营长，屯兵富平。五年春，世凯称制，建章助帝制尤力，关中诸民党谋出兵河南，因薄京师，据中央令四方。建章知民党根本在渭北，盛陈兵，循行以袭之。令其子承武率模范团按行富平，兵甚精。景翼属橐鞬讶承武入县署，夜半，伏兵起，击之。二日，歼其众，俘承武以归。建章哭，乞盟，众因推景翼为总司令，趣会城。景翼曰"有旅长在"，乃推树藩为都督。树藩令景翼以兵趣临潼，断建章归路。景翼至长安东关，建章部尽伏。事定，论功第一。以忌序迁，为第一旅第二团团长。景翼即移屯商，治兵龙驹砦。纪律严整，陕西所盛称十大连者也。

六年夏，国会解散，迁广东，始有护法之役。树藩昵时相，张义安起兵击之。十二月，拔三原。景翼驰至，称陕西靖国军总司令，为南方援。树藩军来攻，迎击大破之，令义安围长安。树藩城守，求救于河南镇嵩军。镇嵩军入关，长安围解，义安力战死。景翼尽调兵渡渭自保，树藩自将来攻，景翼令岳维峻御之，战数月，敌不能进，会麦熟，令前军固守，民得刈麦，敌亦不敢逼。胡陈两军久相持，渭北诸县困于馈馕，盗贼乘间起，适于右任自间道来，景翼以兵柄让之，而身赴固市与树藩所部议和，被绐入长安，幽之。景翼辞色不挠，树藩亦重景翼破建章功，不忍害，至九年秋乃得出，时直隶吴佩孚始盛也。

十年夏，阎相文入关，树藩军溃。景翼知力不敌，恐重伤人民，亦会相文所部旅长冯玉祥善拊军，乃与相结，助收陈部余众，收编为陕西第一师师长。明年夏，直隶关东战起，河南督军赵倜与关东有连。玉祥东征，景翼从，及郑，倜攻玉祥急，景翼令邓宝珊、李纪才、弓富魁进战，大破倜军。五月九日，景翼至军前，令岳维峻、李云龙等攻其郊外，累克多庄、八郎砦、金台子诸垒，俘斩甚众。十日，自鄂河进逼上冈、杨村、姚庄诸垒，敌殊死战。景翼出奇兵绕其后，敌大溃，乘胜遂下开封、商丘，河南大定。

当是时，吴佩孚以两湖巡阅使兼直鲁豫巡阅副使，开幕府洛阳，势耦国，恃材武，欲尽并南北诸部。识景翼才，而忌其自民党起，不敢委任，令以二十四师屯河朔为京汉道守，有众二万，与馕甚少，将士皆嗟怨，景翼忍之不与校。陕西诸将独景翼最有声。及归佩孚，众以为贰，景翼亦不自列。佩孚尝欲令征四川，景翼辞曰："身起民军，与南方将士有瓜葛，将焉用之？若东征者，迟速唯命。"于是众始识景翼风采，然佩孚骄，未以为大虞也。十二年秋，大总统黎公以逼狩于上海，直鲁豫巡阅使曹锟者，即六年称兵迫散国会者也，缘间被选为大总统。景翼与戏下语曰："乱且至，吾辈宜宿戒，毋徒饱食蹴鞠为也。"明年秋，佩孚集诸道兵攻关东，征调遍南北，景翼知锟可乘也，则密令李仲三、刘守中、刘治洲往来玉祥军中，谋因衅除曹、吴，谢天下。

洛阳动员令下，景翼率所部至通，顿兵不进。佩孚数促之，以军实不继辞。佩孚自出与关东军战于临渝，不胜，复遣使促景翼，景翼以一旅驻通，其余络驿度喜峰口至平泉，为小胜以坚佩孚。而玉祥已还收京师，与直隶旅长孙岳絷曹锟府中。景翼驰归，与玉祥、岳改军号曰国民军，设摄政内阁。佩孚闻，返至天津，令旅长潘鸿钧等扼杨村，京师震慴。景翼令维峻趣唐山，纪才、云龙为左右翼。会玉祥军迎战，纪才夜袭破鸿钧，禽之。关东军亦入冷口，至滦，佩孚军大崩，浮海自江道入夏口，归至洛阳。谋北犯，景翼南行至安阳，与敌遇，转战至郑，佩孚走。十二月，景翼入开封，就临时执政段祺瑞所任督办河南军务善后事宜职也。佩孚尝令镇嵩军刘镇华、憨玉琨引兵下洛阳。至是，玉琨阳言受执政命，景翼与战，大破之。是时国政久不纲，景翼以民党少年特起，慨然有澄清之志，海内乡风，景翼亦自发舒，期以河南为根本，次第匡复。病丁疽甚，十四年四月十日，卒于开封。

景翼为人阔达痛快，士大夫有志略者，无少长皆与尽欢，未尝记小过，性不独食，庖人或为独设馔，必移就客尽之。诸义故来与见，御短衣不过髀。遇儒先长者，即访政；侠少年也，即与角抵歌舞为乐。闻一善言，即呼参佐下书行之。体肥重喜卧，作书至百字，辄三四寐。及觉，书未尝失次。或时宾友满坐上，景翼隐几寐，寐中尽能识人语。与外宾食，至没头乳酪中。少顷，复语笑如故。少善驰，后肥，不时跨马。每战，盦将以前。至战处，即下舆步，指麾终日意不衰。战罢，即又卧，外若无訾省者，故遭吴氏得全。始所部二万人，比至河南，新旧逾十万。部勒甚疏，而士皆乐为用。战时未尝谨斥候，身在前敌，后百里不戒严，不检私书，不苛索间沴。部将入谒，皆字呼笠僧，未尝责以礼。然持法严，禹县士民尝小拒命，团长王祥生纵兵击杀之，即斩以徇。河南人士初闻陕军至，惊怖欲走。及至，乃更如遇平人。军垒所在，乞儿嫠妇环求食，悉下钱及黍饭与之。故刘、憨不能遘也。既善技击，视财币尤轻，与故人交，散万金立尽，囊中无余钱。妻林氏，犹日绩纴。事亲孝，卒时其父抚之曰："汝身已付国家，吾不得私，悲失孝养之子耳。"景翼卒时年三十四。少能文辞，诵《太史公书》皆上口。稍长，能草隶绘画，积日记尺余。始兼延威将军，卒以陆军上将恤。

——《胡景翼传》

维中华民国十四年五月三十一日，章炳麟等，敬以醴酒花果之奠，公祭于故上将军胡公笠僧之灵：

呜呼哀哉！国家昏乱，群盗纵横。廓清区宇，必资豪英。矫矫胡公，光大含宏。崛起西北，虏运告盈。功成不居，负笈沧瀛。志存匡济，复履戎行。会逢僭窃，赫然陈兵。篡夫气褫，终惧天刑。贼之余孽，盗弄权衡。毁法乱纪，卖国求荣。声罪致讨，兵败义申。隆志东归，雌伏不鸣。国胡多难，奸猾频生。此攘彼夺，鸡鹜相为。及锟窃位，益播丑声。勃然虎啸，斩刈鲸鲵。群凶殄灭，禹甸清明。开府中原，大梁扬旃。百废俱举，民物咸亨。刘、憨肆毒，师出无名。摧锋伊洛，祸乱克平。烝黎喁喁，望治方殷。何图不禄？遽尔返真。天柱既折，地维则倾。安所依赖？痛哭失声。设位以祭，聊致款诚。呜呼哀哉！尚飨。

——《祭胡景翼文》（1925 年 5 月 31 日《申报》）

渊海之量，螭虎之武。

懿此硕人，宜司中土。

寿不盈三纪，而气弥于永古。

——《胡景翼遗像赞》（1925 年 5 月出版《胡景翼遗事》）

潘祖同

【人物简介】 潘祖同（1829年—1902年），字桐生，号谱琴，晚号岁可老人，江苏吴县（今属苏州）人。出身世家，祖父潘世恩，从兄潘祖荫。清咸丰六年（1856年）进士，选翰林院庶吉士，国史馆协修户部左侍郎。咸丰八年因受顺天考试舞弊案牵连，被免去官职，充军新疆。归田以书画、收藏古籍为事。著《竹山堂联话》《竹山堂随笔》《竹山堂诗补》《竹山堂诗文集》等。

【章氏评论】

君讳祖同，号谱琴，字桐生，江苏吴人。祖世恩，清太傅武英殿大学士，谥文恭。考曾莹，吏部左侍郎。母陆太夫人，有子五人，君其长也。生而端重，稍长，以名教自任。初以荫得主簿，旋赐举人，考授国子监学正。文恭薨，以恩赐进士。后二岁，改翰林院庶吉士，充国史馆协修。君虽以门第上遂，然少勤学，文行有声畴人间。吏部所交，皆一时闳硕，并折节与君齿。在翰林，人不以门荫蔑也。咸丰八年，肃顺等起科场狱，自大学士伯葰以下，论死者五人。蔓连既广，君亦以嫌被逮。初，吏部素不事权贵，尝面折亲藩用事者，会其人主狱事，欲以危法中君。奏上，清显帝察其冤，得免官纳赎。君惩于仕途险巇，自是绝意进取，以文史自决，犹侍吏部处京邑者二十年。

性至孝，陆太夫人老，齿不决葰，而性不弃物。君每侍，辄乞其吐余茹之，其先意承志如此。光绪初，吏部与陆太夫人同日卒。肃毅伯李鸿章故吏部门下士也，以白金千两赙，君力谢之，曰："家虽贫，丧纪能自尽，不以累公。"鸿章叹曰："吾师有子矣。"居丧哀毁骨立。既归葬，杜门读礼，不交人事。比祥除，家无余财，以田二顷自给。而蓄书至四万余卷，皆手自钩校，分部而处。始文恭在时，受赐内府宝玩甚众。吏部又善绘事，藏法书名画亦不訾。君悉推与诸弟，独取书数簏。曰："此我所好也。"竟以是成书藏焉。

平生不信鬼机，不事蒲博，尼师巫妪无敢窥其门者。家风肃然，为乡里矜式。顾好觞咏，善诗及宋元乐语，常自度《柳梢青》词，以笛吹之中律，一时传诵焉。初在京师，顺德李文田独推重君。及在吴，与先师德清俞君善。先师所著经说，时与君商订云。有《竹山堂随笔》《国朝人物征》《疑年总录》《校勘随笔》《提要便检》，及诗文如干卷。唯诗行世。

潘氏自文恭以来，再世为宰辅，群从成进士入词苑者以十数。君独以受诬顿踬。清中兴，君不与其盛，自是四十余岁政衰。八国联军之役，君臣奔迸，而君亦不与其败。将天以图书籩豆禄君，故不以圭组束也。君免官后，以从弟祖荫贵，貤封光禄大夫户部左侍郎。光绪二十八年十一月卒，春秋七十有四。明年，葬于木渎镇寮里村之阡。

配某氏，以得罪出。妾钱氏摄内政，寻亦卒。继配仲夫人，浙江桐乡人。归时，君已过五十矣。家居财用数匮，夫人以勤朴董之。鸡鸣而起，督僮仆粪除，夜即篝灯络纬。自奉至约，而觞客未尝有吝。比君殁后，积功复十余岁，家计裕如矣。性好施与，独以逸游致乏者即峻辞拒之，尤恶蒲博，故潘氏室中无博具。自以不逮事舅姑，享祭必腆。藏书既多，岁辄一暴之，断编虫蚀，手自补治，曰："所以贻子孙者莫是先也。"后君二十九年，以民国二十年十一月卒，春秋七十有九。嗣子二，长成縠，清光禄寺典簿，先君卒；次亨縠，清光禄寺署正，先仲夫人卒。孙六，承典、承厚、承弼、承誉、承彬、承岵。承弼出为君弟祖桢后。女孙三，长适顾，次适曹。承典等以二十一年十二月奉仲夫人祔于君之宅，礼也。铭曰：

有马千驷耶？孰若藏书以自厚？有奉万石耶？孰若壹醉以自富？嗟南箕之哆口兮，独呼天而无救。惟吉凶之纠缠兮，吾将贞之于北叟。苏除名于奏院兮，沈踣碑于陇首。伊沧浪之咫尺兮，固前修其时有。没三十年而不铭兮，铭之犹足以信后。

——《清故翰林院庶吉士潘君墓志铭》

哈 同

【人物简介】哈同（1849 年—1931 年，Silas Aaron Hardoon），犹太人，生于巴格达，后入英国籍。清同治十一年（1872 年）到香港，次年来上海，供职于沙逊洋行。光绪七年（1881 年）后，任法租界公董局董事，后又任公共租界工部局董事。光绪二十七年（1901 年）开设哈同洋行，以贩卖鸦片致富，后又从事房地产业。宣统元年（1909 年）与妻罗迦陵建爱俪园，俗称哈同花园。民国五年（1916 年）创建仓圣明智大学和广仓学会。1931 年 6 月 19 日在爱俪园病逝。

哈同像

【章氏评论】

君姓哈同氏，讳欧司爱，故犹太人，而隶英吉利籍者也。远西署刺，先名后氏族，故君父曰亚伦哈同，君曰欧司爱哈同云。君生于土耳其倍克特城，五岁迁印度孟买，其年遭父忧，遗孤六人，贫不能自振者数矣。稍长，以习犹太教典养母。年二十，遭母忧。明年东游至香港，又明年至上海，时清同治十二年也。股贾周慎，其主甚重爱之，稍与谋废居事，而君撙节服食，虽铢两不妄费。十有六年，竟以商起其家。

始任法兰西租界工部局董事，又十年，任公共租界工部局董事。清宣统三年八月，武昌倡义。其九月，安化李燮和以义从百余人攻江南制造局，下之。巡防军三千皆来会，需饷数万，燮和卒愕无以应。君闻，立贷银币三万版，饷始得给。是时君年六十，家资甚盛，于远西诸商东来者称冠冕矣。顾事急，诸商皆顾望莫肯为助，独君能任之。后二年，故清两广总督岑春煊与民党结，大总统不怡，春煊急求走海外，道多狙者，亦赖君屏护以免于难。君有声民国，自此二事始。

初君娶于福建罗氏，清末尝就上海静安寺路辟地二百余亩为园，台池箩榭，为海滨园林最，以罗夫人名俪蕤，合君名署曰爱俪。当上海举义时，君外应宾旅，内斥资二十万以刻佛藏，因即其园立华严大学，教诸释子。民国四年，又就其园立仓圣明智大学，及附属中学、高等小学。五年，又立广仓学会，皆祀黄帝、左史仓颉焉，尊六书也。

君本犹太产，处中国久，渐其礼俗，故诸以国学见者，悉敬礼如师友。既以仓颉名校，又数延贤士大夫行投壶，及乡饮酒、乡射礼；

其戚属昏嫁者，又为行冠笄昏礼，入其室者，几忘为异域人也。性俭，虽累资钜万，自奉不过中人。唯罗夫人亦未尝御文绮。治第虽严博，然不欲陈珍玩也。独周穷乏，恤灾害，未尝少吝。每远近有大侵，无不立振澹者。先后所斥银币无虑三百万，政府义之，初予四等嘉禾章，累进二等宝光大绶嘉禾章，又以尝佐光复功，予三等文虎章，然君未尝敢佩，曰："名器至重，敢亵用之乎？"其约敕又如此。

二十年六月，卒于上海，年八十。逾月，即其园葬焉，敛用犹太礼，不忘本也；作主用夏礼，衰麻哭泣如之，从所居也。余自武昌倡义之岁归自日本，假馆舍于君。自是二十年，数从燕饮，如平生欢，既多君义，又于君故旧也，宜为之铭。

铭曰：玄黄之交，义兵鉬噐。馈饟惟镣，不施其劳。食以瓦缶，饮不重酎。饥溺是疚，不屯其有。教思不同，涉海而东。大弘儒风，不滞其宗。乌呼若人，吾党之宾萌耶？大蒙之清英耶？

——《二等宝光大绶嘉禾章兼三等文虎章哈同君墓志铭》

弦高有报郑之心，四海皆弟兄，章绶酬君①犹浅矣；

庄周以达生自命，万物为赍送，形骸于我何有哉？

——《挽哈同联》（1931 年 6 月）

【说明】哈同对中国的各方政治势力兼容并包，不论是前清遗老还是革命派都是他的宾客。辛亥革命前，哈同曾多次资助革命党人，如资助蔡元培办爱国学社。辛亥革命后，哈同花园成为革命党人的聚会场所，章太炎与汤国梨的婚礼，就是在哈同花园中的天演界举行，主婚人是蔡元培，孙中山、黄兴和陈其美等悉数出席。

————————

① "章绶酬君"指辛亥革命时，革命军攻打上海制造局，因缺乏军饷，哈同知情后马上借给三万元，后民国政府赠以三等文虎勋章。

1912 年 4 月 6 日，哈同与孙中山及其亲友在上海哈同花园合影

张 謇

【人物简介】 张謇（1853 年—1926 年），字季直，晚号啬庵，通州（今江苏南通）人。光绪状元，授翰林院修撰，后致力于实业和教育。辛亥革命后曾任南京临时政府实业总长等职。有《张季子九录》《张謇函稿》《张謇日记》等。

【章氏评论】

> 承濂亭薪火之传，能以文章弁科第；
>
> 载端木胡连之器，岂因货殖损清名？

—— **《挽张謇联》（1926 年 8 月底）**

【说明】 章太炎与张謇交往始于宣统三年（1911 年）。武昌起义后，张謇在上海与章太炎、黄兴、宋教仁等商议筹建临时中央政府。1912 年 1 月，张謇在章太炎发起的中华民国联合会内被推为参议员、特务干事。3 月，中华民国联合会改名为统一党，张謇被推为理事。4 月，张謇在南通建立统一党分部，并邀请章太炎到南通，在欢迎大会上，他高度评价"太炎先生学识之丰富，道德之高洁，尤为本党所敬服"。但张謇很快发现章太炎"识正而量不宏，宜优处于学问言论之地……而不甚宜于政治，且其左右不尽知大体也"。5 月后，随着统一党与其他政团合并另组共和党等事情，张謇在日记中写下了对章太炎"惑于谬说，意气甚张"等负面评价，甚至得出"政治家非文章之士所得充"的结论。二人在政治上的密切合作基本结束，但仍保持一定交往。1912 年 9 月，张謇为盐政改良事务往北京，到京后专程往贤良寺拜访章太炎。翌年 4 月，张謇与章太炎都应约为民国《国歌》拟歌词。双方还共同在《民立报》发布《发起通俗教育研究会宣言》，在《大中华》上登载《介绍中华书局教科书》，又都加入《南洋兄弟烟草股份有限公司扩充改组招股宣言》赞成人之行列。此外，虽然张謇毕生精力倾注于政治和兴办实业，诗词仅为余事，然颇有佳作，章太炎曾谓张诗"别成一家，旨在经世致用"。

张通典

【人物简介】张通典（1859年—1915年），字伯纯，号天放楼主，晚号志学斋老人。1889年入两江总督曾国荃幕，兼江南水师学堂提调，致力于改革图强。又入湘抚陈宝箴幕，参与新政。自立军起义失败后，携家眷居南京，先后创办养正学堂、养正女塾、湖南旅宁公学等。曾任安徽芜湖皖江中学监督，旋应粤督张鸣岐电邀入桂，设垦牧公司于贵县、柳州；入同盟会，参与广州黄花岗起义。南京临时政府成立后任内务司司长及临时大总统府秘书。袁世凯窃位后，解职归沪，后退隐湘中。著有《匡言十卷》《天放楼文集》《志学斋笔记》等。

张通典像

【章氏评论】

义和团之变，余始识湘乡张君于上海，知其才。是时，君以部郎监广方言馆，而与容闳、唐才常等召集国会，赴者数千人。才常败，捕党人亟。清两江总督刘坤一素重君，独赏弗治。数年，复监皖江中学，以知耻、立志、好学训士，其归在识种姓，辨汉虏。所任教授陶成章等，皆慷慨言改革，盖革命党滋多于是矣。君自中年，往来曾国荃、张之洞、陈宝箴、刘坤一间，讼言庶政，尤善治矿冶，然弗能明本志，至是始发舒。其后，虽更仕宦，造次未尝忘光复。家贫，得金钱辄以施士。笃于故旧，久要不忘也。门下禹之谟者，故湘军步兵，闻君言，发愤欲兴汉业，戮于长沙，故频江志士多宗君。

清宣统三年，民军将攻广州，统帅赵声问策于君，为条画方略甚备。时师期亟，策不果行，同志死者七十二人。君方居警署，以计脱十余人归。其秋，武昌倡义，下江皆响应。君阴集湘军在上海者，致之安化李燮和所，为攻拔制造局，江宁凶惧。江苏巡抚程德全，乃召君谋以苏州独立。会吴人张一麐自浙江逃来，德全属以机事。一麐者，袁世凯间谍也，性便佞，忌君深，遂去苏州。南京政府立，征为秘书。当是时，大总统孙公自海外归，所用士皆起田间，秘书十余人，或不知文告程式。君老于吏事，判答如流，睹官治条法未举，乘间辄以方略告孙公，甚赖之。数月，南北统一，吏道益不修。君本倡改革，所交游皆国士，民国既建，起布衣参国政，及任方面将帅者甚众。而新进或不知君，以清旧吏相侮，勋赏弗及，未尝言功。然亦以是不甚招袁氏忌。民国二年，黄兴败于江宁，南部皆陷，君益失意，归湖南。湖南诸矿，始自君发之。龙王山、水口山、黄金洞，岁入可二百万。至是欲更开斥，不果，以统捐局长禄仕二年而终。

君之死，余方因于宛平，闻讣，哭不能成声。既伤其以轶材扶义，不在勋策，而更失职左降，至乎监门籤舟以死，又幸其潜蛰，不撄锋于暴人之前，为之谋矣。逾二年，君女昭汉，以行状至，复郑重为之铭。

君讳通典，字伯纯，湘乡胡家冲夹壁山其墓也。铭曰：

功在不赏，史无正辞。鸿飞冥漠，赠缴远之。天道匪谌，以告来兹。

——《故总统府秘书张君墓志铭》

【说明】张通典是章太炎与汤国梨婚姻的介绍人。章太炎中年丧偶，辛亥革命后在南京临时政府担任顾问，张通典当时担任孙中山先生的秘书长，而其女张默君与汤国梨是上海务本女校的同学。1913年5月，章太炎通过张通典的介绍，写信向汤国梨求婚，汤表示同意。次月，章、汤二人在上海哈同花园举行婚礼。

张通典作为南社成员，南社社友陈去病、高旭等都作有诗文悼念。如丘逢甲《赠张伯纯通典》："伯子天下士，十年知汝名。相思黄歇浦，相见赵佗城。落日秋山色，寒涛大海声，几边田牧计，击楫送君行（张时办广西垦牧）。"陈去病《吊张伯纯》："湘乡老名士，湖海久推尊。风雅一门叶，清高卧雪袁。可怜杯酒罢，长断故人魂，叹息斯翁逝，中原那可言。"高旭《哭张伯纯先生》（四首选一）："卓绝东南天放楼，抗怀稷契尽堪俦。自饶儒苦千秋业，不屑人间万户侯。欧九表阡新纪念，孟光举案旧风流。入秋风雨凄凉甚，闰瘁人亡满眼愁。"

唐才常

【人物简介】唐才常（1867 年—1900 年），字鞠腾，号绂丞，后改号佛尘，湖南浏阳人。参与清末维新运动，创办时务学堂、《湘报》等，与谭嗣同并称"浏阳二杰"。光绪十六年（1900 年）组织自立军，自任首领，以汉口为中心发难，事泄被捕杀害。

唐才常像

【章氏评论】

潇湘大波，水与星沓。百灵闪瘭，或吐或缫。竺生洴澼，蛟鼍入怀。玄黄之战，鬼搏神赞。材实非地，地载其器。南学既开，于谋于瞢。岂不怀革，烝民尚盲。诡循建虏，以牢骏彊。大陆何脐？脐于夏口。余有谍援，将搏群丑。寇来搤之，燔之炙之。江汉为镬，膊而磔之。梦梦之天，荡荡之帝。弃我神州，而眷胡裔。黄鹤夜鸣，歼兹明懿。文昌之馘，才常死后，枭首文昌门。赤鑪犹视。才常目赤色。视余无恙，书此罔象。

——《唐才常画像赞》

【说明】清光绪二十六年（1900 年）六月，唐才常于上海张园（又名味莼园）发起"国会"，时旅沪名流被邀出席者有容闳、文廷式、马良、严复、吴葆初、宋恕等数百人，章太炎也参预其中。武昌洪山东北隅有庚子烈士公墓，就是与唐才常就义诸人葬所。

徐锡麟

【人物简介】徐锡麟（1873 年—1907 年），字伯荪，号光汉子，浙江绍兴人。1901 年任绍兴府学堂教师，后升副监督。1903 年应乡试，名列副榜。同年以参观大阪博览会名义赴日本，于东京结识陶成章、龚宝铨，并积极参加营救因反清入狱的章太炎的活动。回国后先在绍兴创设书局，传播新译书报，宣传反清革命。1904 年在上海加入光复会。1905 年在绍兴创立体育会，后又创立大通学堂，规定入校学生均为光复会会员，参加兵操训练。同年冬赴日本学军，因患眼疾未能如愿。1906 年归国，赴安徽任武备学堂副总办、安徽巡警学堂会办。1907 年 7 月 6 日，徐锡麟在安庆刺杀安徽巡抚恩铭，率领学生军起义，攻占军械所，激战 4 小时后失败被捕，次日慷慨就义，年仅 35 岁。

【章氏评论】

中国既亡，几三百年。哀此黎民，困不得伸。胡虏滔天，政日益专。山阴徐君，生当其辰。能执大义，以身救民。手歼虏酋，名声远闻。初自弱冠，习兵家言。雅好结交，游侠之伦。有力未集，惮于发难。采得奇术，去为虏官。入赀万余，得安徽道员。巡抚恩铭，虏中之豪，谓我君贤，信而不疑，授之以权。明明我君，夙夜劳勤，抚循士卒，莫不怀仁。将伺虏隙，以建名勋。仲夏讲武，虏帅来观。百僚追从，军士万人。觥觥我君，手持弹丸，射虏虏死，魂魄飞扬上天！

骑士大呼，诸吏窜奔。攻武库，突其门，天不悔祸，而军实已殚。乌虏我君！逐丧其元。二士与偕，惟马伊陈。脆君心鬲，以享淫昏。心跃起，直上栋间。胡鬼告言，我腹已穿，不能啖饭，何用炮炙心肝？诸房闻之，忧心愽愽；异域闻之，兢与称传，我民闻之，莫不悲欢！贤哉贤哉！山阴徐君。

——《山阴徐君歌》（1915年）

徐锡麟，字伯荪，浙江山阴人也。幼挢虔，器过手辄毁，父憎之。年十三，挺走钱塘为沙门，不合归。读书喜算术，尤明天官，中夜辄骑危视列宿，所图天象甚众。又自为浑天仪，径三尺许，及造绍兴地势图，然未尝从师受也。稍长，习农田事，闻昆山多旷土，欲往开治，不果。年二十九，以经算教于绍兴中学。二岁，转副监督。在校四年，弟子益亲如家人。顷之，以观博览会赴日本，得同志数人，且购图书刀剑以归。锡麟家东浦，在县西十五里，为立蒙学，又规建越郡公学，为甚者中伤数矣，卒不动。尝置一短铳，行动与将。

时露西亚人逼辽东。锡麟闻之，恸哭。画露西亚人为的，自注弹丸射之，一日辄试铳十数反。遭弹丸反射，直径沃肩上，颜色不变，试之愈勤。其后持铳有不发，发即应指而倒。锡麟始慕句践、项梁，欲保聚绍兴，且以观变。年三十，以事过上海，上海有浙江豪杰十余人，设盟约谋光复，即走就之。归，始以兵法部勒子弟矣。明年，与弟子循行诸暨、嵊、东阳、义乌四县，书步行百里，夜止业社间，几一月，多交其地奇才力士。归语人曰：涉历四县，得俊民数十，知中国可为也。初，绍兴城中有大善寺，天主教会欲得之，阴构诸无赖协沙门，署质剂为赁于教会者。绍兴名族士大夫皆怒，弗敢言。锡麟方病痁，裹絮被，直走登坛，宣说抵拒状。众灌踊，卒毁券，教会谋益衰。锡麟念士气屡弱，倡体育会，月聚诸校弟子数百人，习手臂注射，女子秋瑾与焉。从是就大通师范学校朝夕讲武，每训练必身先之。素短小，习一岁，筋力自倍，能日行二百里。尤善同县许克丞，谋以术倾满洲，克丞捐金五万版与之。入赀得道员，年三十三，与其弟锡骥，暨余姚马宗汉等二十五人诣日本，因通商局长石井菊次郎求入联队，不许，欲入振武学校，以短视，试不及格。居数月，以事归国。

是时余杭章炳麟以言革命系上海狱，罚作三岁，限且尽。或言房欲行贿狱卒，毒杀之。上海大哗，锡麟为奔走调护，直诣狱见炳麟。炳麟素不知锡麟名，识其友陶成章。锡麟欲自陈平生事，狱吏诃之，错遌不得语，乃罢去。复东抵日本，欲与陶成章，及弟子会稽陈伯平人陆军经理学校，不果。属其友某学造纸币，曰："军兴饷匮，势将钞略，钞略则病民，亦自败，洪秀全事可鉴也。今计莫如散军用票，事成以次收之。然军用票易作伪，宜习其雕文织镂，令难作易辨，子勉学矣！"议既定，以陈伯平、马宗汉归。乡人复请任徼巡事，许之。旋与同县曹醴泉赴宛平，出山海关，遍走辽东、吉林诸部，至辄览其山川形势，见大盗冯麟阁，与语甚说。是岁，淮安、徐海大侵。锡麟年三十四，即以道员赴安徽试用。锡麟未得道员时，欲借权倾房廷，诸达官无所不游说。自袁世凯、张之洞及浙江巡抚张曾扬、故湖南巡抚俞廉三皆中其说，为通关节书。镇浙将军满洲人某亦受锡麟倭刀，为其用。

到安庆岁暮，即主陆军小学。逾年，移主巡警学堂。日中戎服自督课，暮即置酒，请诸军将士，又卖衣服以给弹丸。诸生益严重锡麟，虽军士，亦多欲附者矣。安徽巡抚恩铭，谓锡麟能，奏请加二品衔。然闻人言日本学生多阴谋，稍忌之。锡麟亦心动，即移书浙江诸豪，刻日赴安庆，又外与诸练军结，欲仓卒取安徽大吏，令军心乱，乃举事。期五月二十八日巡警生卒业，集大吏临视，尽掩杀之。恩铭欲速，召其校执事愿松，令易期以二十六日临视。时援未集，愿已不可奈何，乃密与陈伯平、马宗汉为备。及期，鼓吹作，诸大吏皆诣校疑立，巡抚前即位，三司诸吏以次侍。锡麟令愿松键门，拒出入。愿松固知情，阴诺，不为键。锡麟持短统，遽击恩铭，数发皆中要害，左右与之走，三司皆夺门走，即闭城门，拒外兵。诸军至，不得入，乃发兵捕锡麟。锡麟知事败，传呼巡警生百余人，曰立正！巡警生皆立正。锡麟曰向左转走！巡警生皆左转走。走则攻军械局，据之；发统，弹丸尽；发炮，炮机关绝。陈伯平战死。锡麟即登屋走，追者至，被擒。恩铭已死，三司问锡麟状，曰："受孙文教令耶？"锡麟曰："我自为汉种，问罪满洲，孙文何等鲰生，能教令我哉！"五月二十六日，虏杀山阴徐锡麟于安庆市，刳其心，祭恩铭。而浙江虏官亦捕杀秋瑾。大通学校遂破坏。锡麟之死，年三十五矣。

锡麟虽阴鸷，然性爱人，在山阴，尝步上龙山。见一老妪方自经，遽抱持救之。问其故，曰："负人钱。"即为代偿，得不死。

——《徐锡麟陈伯平马宗汉传》(1915 年)

【说明】《山阴徐君歌》，相当于一篇章太炎为徐锡麟作的小传。当安庆起义失败，徐锡麟等人遇害的噩耗传来，在日本东京的革命党人义愤填膺，举行追悼大会，章太炎会上宣读《徐锡麟陈伯平马宗汉秋瑾哀辞》的祭文。1913 年，章氏在《稽勋意见书》中，称徐锡麟为"官吏革命之始"。1928 年，在为冯自由《中华民国开国前革命史》所作序中，章太炎曾言："光复会比同于同盟会，其名则隐，然安庆一击，震动全局，立懦夫之志，而启义军之心，则徐锡麟为之也。"

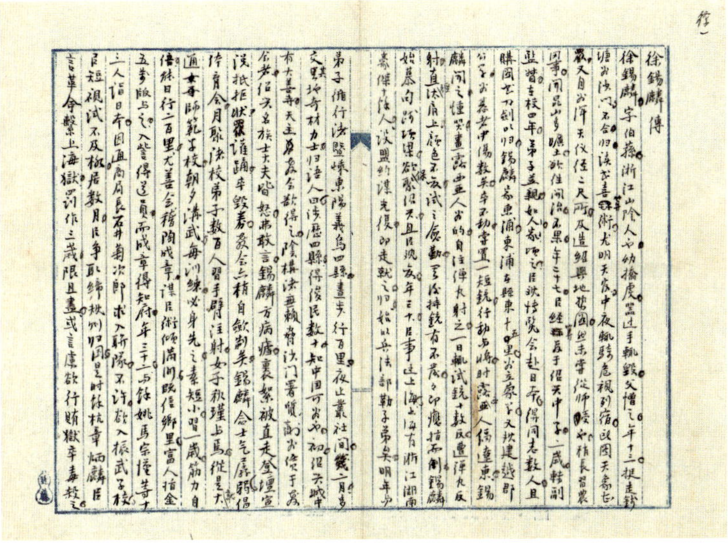

章太炎撰《徐锡麟传》手稿

秋　瑾

【人物简介】秋瑾（1875年—1907年），字璿卿，一字竞雄，别署鉴湖女侠，浙江山阴（今绍兴）人。18岁嫁给湖南人王廷钧，后随夫居住北京。1904年赴日留学，次年参加光复会、同盟会。同盟会正式成立后，秋瑾被推为同盟会浙江分会会长。1906年，日本政府颁布"清国留学生取缔规则"，秋瑾为抗议遂归国，在上海创办中国公学。后来她又在绍兴主持大通学堂，并以此为据点，派人到浙江各处联络会党，组织光复军。她自己则往来于上海杭州之间，联络军学两界，与徐锡麟筹备安徽、浙江两省起义。1907年7月6日，徐锡麟在安庆刺杀巡抚恩铭，起义旋即失败，其弟徐伟的供词牵连到秋瑾。1907年7月10日，秋瑾得知徐锡麟起义失败后，表示"革命要流血才会成功"，故拒绝了离开绍兴的劝告。1907年7月13日，清军包围大通学堂，秋瑾被捕。她拒绝招供，唯书"秋风秋雨愁煞人"相对。1907年7月15日，秋瑾在浙江绍兴轩亭口就义。

【章氏评论】

山阴为少康枝子之地，箕帚作而妇道成，曹娥以死其父，未足以多，最后有秋瑾，变古易常为刺客。将其德合于乾元，刚健中正，纯粹精也；六爻发挥，旁通情也；时乘六龙，以御天也；云行雨施，天下平也。瑾素自豪，语言无简择，尝称其乡人某为已死士，闻者衔之次骨。

秋瑾像

徐锡麟既诛恩铭，党祸浸寻及绍兴，遂牵连以告有司而贼之。瑾死，传其诗词百余首，都为一集。余视其语婉娈，若不称其情性者。人之志行，或深固不见于诗，然瑾卒以漏言自陷，悲夫！

余闻古之善剑术者，内实精神，外示安仪，则喋喋腾口者寡。读《吴越春秋》，有袁公越女之事，惜乎瑾之不志此也。定、哀之世，于是乎有微言。丁未七月，章炳麟序。

——《秋女士遗诗序》（1907 年 8 月 10 日）

【说明】1904 年秋瑾孑身一人赴日留学，次年参加光复会、同盟会，结识了孙中山、章太炎、徐锡麟、许寿裳、鲁迅、陶成章等人。秋瑾就义后不久，《天义报》主持人何震编排《秋瑾遗诗》，以示纪念。这是秋瑾的第一部诗词集，分"秋女士遗诗"与"秋女士词"，于 1907 年 9 月 6 日在日本东京出版。何震写有"后序"，其中有言

"乞太炎先生及吾师曼殊为序"。章太炎在序中谓"瑾死传其诗词百余首，都为一集。余视其语婉瘱"。该诗集出版时改名为《秋瑾诗词》。章太炎还撰有《祭徐锡麟陈伯平马宗汉秋瑾文》。1913 年，章太炎在《稽勋意见书》中，以秋瑾为"女子革命之始"。

史量才

【人物简介】史量才（1880 年—1934 年），原名家修，祖籍江苏江宁，生于江苏松江（今属上海）。早年就读于杭州蚕学馆，毕业后创办女子蚕桑学校，先后任教于上海育才学堂、务本女校和南洋中学。清光绪三十一年（1905 年），发起成立江苏教育总会。1908 年，担任《时报》编辑，后任主笔。1912 年 9 月，与张謇等人购得《申报》产权，出任总经理。1921 年，参与创办中南银行和民生纱厂。1929 年，购进《新闻报》《时事新报》大部分股权，成为上海报业巨擘。1934 年在上海被国民党特务暗杀身亡。

史量才像

【章氏评论】

君讳家修，字量才，晚以字行。其先江宁人，父春帆翁，避兵徙娄之泗泾，故君补娄县学生。少时已卓荦有智行，既入学，寻弃去，习远西文字，肄业杭州蚕学馆，归设小学于泗泾，数教授上海，以所得立女子蚕学馆，太湖左右化之，后江苏蚕桑学校本诸此。会沪杭甬铁道事起，以集资被选董事。民国兴，主松江盐局及沪关清理处。君虑宪过人，处事悉综名实，然尤专意新闻事。初春帆翁虽不遇，素持直道，常以是诲子。君自清末已主《时报》，其后主《申报》，殆二十年。直袁氏称帝，以重赂要君，请毋娆帝制，拒之。自尔南北交閧者十余岁，常有问遗，悉无所染，盖受之家训，亦其天性骨骾然也。

少时家甚贫，初教上海，布单衣，徒行遇雨，革鞜尽淖，望之寒甚。及与语，吐辞夑然，精采动一坐，久之誉日起。所立工商事益众，殖币治鑪，靡不为也，号为素封矣。然自守确固，不肯随龃龉进退，人严惮君而未尝与仵。民国二十年，日本战事起，明年遂掠上海，君日夜资助十九路军，卒无大败。虽政府亦重君才，被推上海市参议会长矣。二十三年十一月，自杭西湖归，道出海宁大闸口，遇盗，环列狙击，与同车一人及御者皆死。配某氏，子男必恕，遇盗时皆在侧，挺走得免。

君平生领事虽繁脞，然能通释氏书，时时宴坐。亦习技击，身手矫健，又与人无怨恶，内外皆无死道。或曰：暴得大名不祥，清议之权，自匹夫尸之，常足以贾祸。然自武昌倡义至今，由屠酤稗贩以陟高位处方面者，盖什百数。君本书生，积资不过比良贾，名虽显，不能出一州，其视权要人固微甚。且清议衰久矣，虽百计持之，仅乃振其标末，非有裁量刻至之事，如汉甘陵、近世东林比也。揆之固不足以召衅，而竟为人阻隘以死，且若欲夷其宗者，抑命也夫，命也夫！君亡时年五十六，某年某月葬于某。铭曰：

史氏之直，肇自子鱼。子承其流，奋笔不纡。卖浆洒削，华屋以居。以子高材，宜其有余。何烦辱任事，而不与俗同污。恬智相养，则亦与天为徒。吾闻夫毅饰貌以内热，豹菀中而外枯。智之所不能避者，虽圣哲有所不虞。唯夫白刃交胸，而神气自如，斯古之伟丈夫欤！

——《史量才墓志铭》

马宗汉

【人物简介】马宗汉（1884年—1907年），名纯昌，字子贻，浙江余姚人。光绪二十八年（1902年）入浙江高等学校。光绪三十年（1904年）在家乡创办三山蒙学堂，传播反清书刊。次年加入光复会，随徐锡麟赴日。光绪三十三年（1907年）应约到安庆筹备起义，五月二十六日助徐刺杀安徽巡抚恩铭，并率巡警学堂学生攻军械局，失败被捕，系狱五十日，不屈被杀。

【章氏评论】

马宗汉，字子贻，浙江余姚人也。祖某素任侠，贫民皆倚为重。宗汉少慧，闻人诵岳鄂王词，欣欣若有得。曰："长大亦当如是。"及长读史传，益感慨，以破虏自誓，潜结少年有气者数人，又习英吉利语，入浙江高等学校。罢归，与同志立三蒙学堂，自督教之，诏以亡国之痛，异族之祸，弟子皆泣下莫能仰视。常购求近人言光复书，散之乡里，见者扼腕。浙江所以多义旅者，宗汉力也。顷之从徐锡麟赴日本，欲阴求豪杰，然所遇多大言自矜，宗汉大失望。归欲赴德意志学陆军，诸少年留宗汉欲有所规画，会遭祖丧，遂不行。是时虏廷下书称立宪，宗汉作书辩其妄。然士人多幸爱虏，宗汉发愤疾作。徐锡麟在安庆召宗汉及陈伯平计事，宗汉与诸生书曰："吾此行不能灭虏，终不返矣。"锡麟既与浙东义旅成谋，期且迫，宗汉、伯平日夜部署军事。及期锡麟已诛恩铭，宗汉谓顾松败谋，召至即断头，督巡警生破军械局，援绝，伯平战死。宗汉欲焚军械局，锡麟止之，且曰："徒死无益，亟走犹可后图。"宗汉去，半道为虏所得，系狱五十日。穷问党与，考掠楚毒，宗汉为逊言抵谰，卒不得一人主名。七月十六日，虏杀余姚马宗汉于安庆狱前，年二十四。

——《徐锡麟陈伯平马宗汉传》（1915 年）

【说明】辛亥革命后，民国建立，奉临时大总统孙中山之命，浙、皖两省迎、送烈士遗骸归浙，安葬于杭州西湖孤山南麓，史称"浙东三烈士墓"。1916 年 8 月，孙中山访浙，专门前往孤山向三烈士致祭。为纪念马宗汉，1929 年，政府将柯东乡改名宗汉乡，成为宁波地区唯一以烈士之名命名的地名。

原杭州孤山南麓的浙东三烈士墓

陈伯平

【人物简介】陈伯平（1885年—1907年），原名渊，字墨峰，号白萍生，浙江绍兴人。生于福州，清光绪二十四年（1898年）入福建武备学堂肄业。1905年改入绍兴大通师范学堂，为徐锡麟所器重，并加入光复会。旋留学日本支那学堂，学习巡警，并结识秋瑾等革命志士。次年归国，佐秋瑾创刊《中国女报》。1907年，与徐锡麟发动安庆起义，率巡警学堂学生攻占军械局，不幸中弹身亡。

【章氏评论】

陈伯平，浙江会稽人也。名渊，以字行。少长福州，归乡里，入大通师范学校。徐锡麟甚重之，与游日本，欲学陆军不得，习巡警。旋弃归，专习击射事。在上海踞一小阁，日陈药校试。药尝迸发，声铃铃动数十步，伯乎伤，身甲错如鱼鳞。时辜人多，即避诣病院治疗。复渡日本，从药师卒受业，道既通，欲急试，锡麟辄戒之。伯平尝语人曰："革命之事万端，然能以一人任者，独有作刺客。"刻印，称实行委员，用自厉。梦寐辄呼端方：铁良，其用心专一如此！善方言，喜作时，诗多亡矣。伯平死时，年二十六。

——《徐锡麟陈伯平马宗汉传》（1915年）

邹　容

【人物简介】邹容（1885年—1905年），原名桂文，又名威丹、蔚丹、绍陶，留学日本改名邹容，巴县（今重庆巴南）人。光绪二十八年（1902年）秋，自费留学东京，入同文书院，始撰《革命军》初稿。留学期间，倡言推翻清朝，实行变法。18岁，与张继等人冲进清政府驻日陆军监督姚文甫公馆，剪断姚文甫发辫。后躲避通缉，归于上海，加入爱国学社，发起成立中国学生同盟会，遂结识蔡元培和章太炎。1903年5月，上海大同书局出版《革命军》，章太炎为之撰序。当年闰五月初八日，邹容自动投案。1905年4月，死于狱中，年仅21岁。

邹容像

【章氏评论】

邹容吾小弟，被发下瀛洲。

快翦刀除辫，干牛肉作餱。

英雄一入狱，天地亦悲秋。

临命须掺手，乾坤祇两头。

——《狱中赠邹容》(1903 年 7 月 22 日)

君讳容，字蔚丹，四川巴人。父某，行商陇蜀间。君少慧，年十二，诵《九经》《史记》《汉书》皆上口，父以科甲期之，君弗欲，时憙雕刻。父怒，辄榜笞至流血，然愈爱重。君从成都吕翼文学，与人言，指天画地，非尧舜，薄周孔，无所避。翼文惧，摈之。父令就日本学，时年十七矣。与同学钮永建规设中国协会，未就。学二岁，陆军学生监督姚甲有奸私事，君偕张继等五人排闼入其邸中，榜颊数十，持剪刀断其辫发。张继者，故尝与善化秦力山发议排君主立宪者也。事觉，归潜上海，与章炳麟见于爱国学社。是时，社生多习英吉利语，君调之，曰："诸君堪为贾人耳。"社生皆怒，欲殴之。广州大贾冯乙，故尝入英吉利籍，方设国民议政厅于上海，招君。君诘乙曰："若英吉人。此国民者，中国民邪？英吉利国民邪？"乙惭，事中寝。

君既明习国史，学于翼文，复通晓经训《说文》部居，疾异族如仇雠，乃草《革命军》以摈清。自念语过浅露，就炳麟求修饰。炳麟曰："感恒民当如是。"序而刻之。炳麟亦自有《驳康有为书》，与君书同意。时又有苏报社者，以论议相应和，则长沙章士钊所为也。

君与士钊、继皆年少，独炳麟差长。相得欢甚，约为昆弟交，要以光复汉族事。会清遣江苏候补道俞明震来检察革命党，君及炳麟皆就逮，系上海租界狱。两人日会聚说经，亦时时讲佛典。炳麟授以

章炳麟撰，于右任书《赠大将军邹君墓表》拓片

《因明入正理论》，曰："学此可以解三年之忧矣。"时清政府自贬，与布衣讼，南洋大臣遣法律官担文来廷辩，两造争汉房曲直于上海知县前，闻者震诧。吏卒不能决，上其事外务部，外务部亦惭。明年，与外国公使杂定之，两人者皆罚作，而清尊严亦转替。

君以少年为狱囚，狱卒数侵之，心不能平，又啗麦麸饭不饱，益愤激。内热，数有遗下。明年正月，疾发，体温温不大热，但欲寐，又懊憹烦冤不得卧，夜半独语骂人，比旦皆不省。炳麟知其病少阴也，念得中工进黄连、阿胶、鸡子黄汤。病日已矣，则告狱卒长，请自为持脉疏汤药，弗许。请召日本医，弗许。病四十日，二月二十九日夜半卒于狱中，年二十一岁矣。诘朝，日加已，炳麟往抚其尸，目不瞑。初狱之竟也，处炳麟三年囚，君二年囚。至是，君程未满七十日，遽死，内外皆疑有他故，于是上海义士刘三收其骨葬之华泾，树以碣，未封也。

君既卒，所著《革命军》因大行，凡摹印二十有余反，远道不能致者，或以白金十两购之，置筐中，杂衣履糦饼以入，清关邮不能禁，卒赖其言为光复道原。逾六年，武昌兵起，民国元年，临时政府赠大将军，四川军府以礼招其魂归，大总统孙公亲拜遣焉。

刘三者，性方洁，寡交游，业为君营葬，未尝自伐，故君诸友不能知葬所。十一年冬，炳麟始求得之。十三年春四月，与士钊、继等二十余人祭于华泾，腾冲李根源议曰："勋如邹君，而墓无石刻，后世何观焉？"与祭者皆起立。炳麟亡命日本时，已尝为君传，及是，稍增损其辞以表于墓。

——《赠大将军邹君墓表》（1924 年《华国月刊》第 1 卷第 10 期）

【说明】 邹容与章太炎因《苏报》案一同入狱，后邹容狱中病死，葬于华泾（今上海徐汇区华泾镇）。1907 年，章太炎撰《邹容传》，载于《革命评论》第十号。民国十三年（1924 年）春，章太炎、蔡元培、章士钊、于右任、张继等，前往华泾举行公祭，决定修墓建碑。章太炎撰文，于右任书丹。墓前尖顶青石刻"邹容之墓"，神道石阶刻有章太炎书"赠大将军巴县邹容"。邹容墓在"文革"中被毁，1980 年，上海市文物管理委员会为纪念辛亥革命 70 周年进行重修，次年被公布为上海市文物保护单位，1996 年被列为徐汇区爱国主义教育基地，2021年入选上海市第一批革命文物名录。2004年，徐汇区人民政府将原为刘三故居的黄叶楼异地保护于华泾公园内（华泾路868号），2007年，黄叶楼被改建为邹容纪念馆并对外开放。2017年，华泾镇人民政府对邹容纪念馆进行改陈布新，并于2018年4月2日正式对外开放。2023年4月，邹容纪念馆被上海市政府正式命名为上海市爱国主义教育基地。

喻培伦

【人物简介】喻培伦（1886 年—1911 年），字云纪，四川内江人。1905 年留学日本。1908 年加入同盟会。曾钻研化学，研制炸弹，组织暗杀团。1909 年、1910 年先后在汉口和北京谋刺两江总督端方和清摄政王载沣，均未成功。1911 年春参加广州起义，被俘牺牲，为黄花岗七十二烈士之一。1912 年 2 月由南京临时政府追赠为"大将军"。

喻培伦像

【章氏评价】

民国之先，以气矜慑清吏，独行奇材相继也。浙江则徐锡麟，于广东则温生财，在四川则喻培伦、彭家珍。培伦两发难，始入宛平，欲击清摄政王载沣,不得,后与百余人入广州击清两广总督张鸣岐,与七十一人俱死。功虽不成,然自武昌兵起,清吏所在奉头稀駓者,其气夺也。

培伦者字云纪,内江人也。先世为江西人,明时有官四川者,遂家内江。培伦性精敏,好技术。少时见时辰表,即仿为之。又尝刻石,自署世界恶少年。闻塾师说史事及国家兴废种族代起状,必动容质其所从来,师诃之乃已,其光复之志始萌矣。清光绪末,与弟培棣游日本,入同盟会。初学警监,后入经纬学校,旋习工。培棣好尚与兄异,然皆锐身任国事。自黄兴攻河口,培伦兄弟从,奔走云南、交趾间,复转入南洋群岛,散訾财无算。培伦素多病,欲致命遂志,而责培棣承家事,故所为皆独力径行事也。

初,培伦在日本,尝习化学,又入千叶医学习药科,由是能造爆药,技甚精。时同志习射击多治银药者,培伦以试银药伤臂,求所以安全者,乃穷搜海外爆药诸书,讲于日本人藤泽氏,质衣物以供药。药成,著书道其利病,为同志法。故中土言爆药者本之培伦。

清宣统初,与汪兆铭谋击清直隶总督端方,不果,遂入宛平,与兆铭、黄复生等谋击载沣。造爆弹重二十余斤,夜匿桥下,俟明,载沣车过,以电发之。未及期,桥外犬惊吠,居人起视,觉有物,培伦跳,得去。而兆铭、复生以故入狱,外人视其爆弹,曰:"幸不发,发则二十里中无噍类矣。"培伦既脱,即东行,更造药,闻宛平不可入,遂已。以艺食于香港,岁余,黄兴起广州,以手铳数百挺潜渡,令培棣与吴永珊主转运。方到,培伦已挟弹至,谓培棣曰:"吾分死,尔当嗣吾宗。"麾之去。会温生财击杀清广州将军孚琦,省会戒严,不可动。培伦曰:"等死,不如以身决之。"或曰:"公一臂废,何苦自送?"培伦奋曰:"诸公具四体,不如吾偏枯人也。"众大感动,遂与兴、熊克武、但懋辛等将百余人攻督部,掷大弹,洞其壁,登陴,散丸如雨下,当者皆糜碎,身创甚,贼群至,被执,自承王光明,死,与七十一人丛葬黄花冈。后五月武昌兵起,应者十三省,无锐师突骑皆走矣。民国元年,南京政府论元功,赠大将军,而克武、懋辛、培棣亦以蜀军立于四川。

赞曰:汉族光复,藉狙击之威,余烈讫于数岁。袁世凯已定江南,犹曰:"吾不畏南兵反攻,畏其药取人命于顾昐间。"由此观之,攻心为上,攻城为下,非虚言也。然非轻死生外功名者亦弗能焉。十年之间,南北更仆迭起,皆以戎卒相角,抑有由哉!

——《喻培伦传》(1924 年《华国月刊》第 1 卷第 11 期)

熊 成 基

【人物简介】熊成基（1887 年—1910 年），字味根，江苏江都（今扬州）人。1904 年入安徽武备练军学堂学习，参加"岳王会"，进行反清活动。1905 年入江南炮兵学堂，毕业后在江宁任陆军第九镇炮兵排长。1907 年调安庆，身任马营、炮营队官，加入光复会。徐锡麟在安庆起义失败后，被推主持"岳王会"，继续兵运工作。1908 年趁清政府调集沿江各省陆军在太湖会操之机，发动起义，率马、炮两营士兵千余人进攻安庆北门，与清军激战一昼夜未能破城，伤亡过重，退至庐州解散余众。1909 年流亡日本。1910 年在哈尔滨谋刺清大臣载洵，后被捕就义。

熊成基像

【章氏评论】

民国二年二月二十三日，余杭章炳麟谨以玄酒菜香，奠烈士熊君之灵：

呜呼哀哉！君实徐伯荪之死友，而与炳麟干枝相维者也。伯荪诛恩铭于安庆，阴结军队，期于会朝，城门昼闭，援师阻遏，大义挫顿，遗之于君。逾年，援桴鼓而兴，夜麾重阊，内外障隔，卒不能成尺寸功，而军人光复之心，自此起。君既挫衄，隐名奔窜，转侧日本、关东之间。止宿吉林，丽于凶横。伪清宣统二年，正命吉林巴尔虎门外。群隶以是要赏者二十三人。逾年，武昌兴，独夫避位，大物以更。又逾年，炳麟至自京师，芰舍长春，以治简书，所寝之室，则君拘累时故处也。

夫一兴一废，国家代有，君之倡义，以暴君在上，忞民失职，非欲傅刃一人明矣。使君无死，将率义夫以奖大顺，虽与黎、黄二公，鼎足而三可也。天禄不长，噬于豺虎，芳烈所播，不二十月而大义举于江汉，终复旧物。君之神灵，其可以妥为独念谗人高张，久未枭除，其所以贼君者，不以临时对垒，顾诬为刺客，以媚贵宠。而又饫以珍膳，馂以甘言，禁锢告变之人，以自解说，使死者无怨声，而亲藩得以快意。斯可谓宗社党之造端也。

昔浙江巡抚张曾敭在官无怨，杀一秋瑾，而士民敌忾，后徙他官，所在见距。清廷虽爱曾敭，犹不能遣。今是凶人贪以败官，又造矫诬以摧义士，其罪视曾敭且什百。民国改建，而犹晏居东表，专镇一圻，斯实国家之耻！昭告君之神灵："凡今日与奠者，自奠之后，而不能本君革除之志，以锄贪邪，而敢有回旋容阅，以为凶人地者，有如松华江！"呜呼，哀哉！尚飨。

——《熊成基哀辞》（**1913 年 2 月 23 日**）

【**说明**】1912 年冬，章太炎被袁世凯任命为东三省筹边使，赴东北，建署于长春，而他的居处就是当年囚禁熊成基之地。睹物思人，抚今追昔，因此章太炎写下这篇悼念熊成基烈士的哀辞。

图书在版编目(CIP)数据

章太炎论人物 / 史文编. -- 上海 ：上海人民出版
社，2024. --（章太炎讲述系列）. -- ISBN 978-7-208
-19244-7

Ⅰ. K820

中国国家版本馆 CIP 数据核字第 2024BA1189 号

责任编辑　高笑红
封面设计　赤　祥

章太炎讲述系列

章太炎论人物
史　文　编

出　　版　上海人民出版社
　　　　　（201101　上海市闵行区号景路 159 弄 C 座）
发　　行　上海人民出版社发行中心
印　　刷　浙江新华数码印务有限公司
开　　本　850×1168　1/32
印　　张　7
插　　页　3
字　　数　157,000
版　　次　2024 年 11 月第 1 版
印　　次　2024 年 11 月第 1 次印刷
ISBN 978 - 7 - 208 - 19244 - 7/K · 3438
定　　价　68.00 元